섬

문화의 길 010
흔들리는 생명의 땅
섬
ⓒ 이세기 2015

초판 1쇄 인쇄 2015년 4월 6일   초판 1쇄 발행 2015년 4월 13일
지은이 이세기 **펴낸이** 이기섭 **기획** (재)인천문화재단 **편집** 최광렬 **마케팅** 조재성 정윤성 한성진 정영은 박신영
관리 김미란 장혜정 **디자인** 오필민 디자인 **펴낸곳** 한겨레출판(주) **등록** 2006년 1월 4일 제313-2006-00003호
주소 121-750 서울시 마포구 공덕동 116-25 한겨레신문사 4층 **전화** 02)6383-1602~3 **팩스** 02)6383-1610
홈페이지 www.hanibook.co.kr **이메일** ckr@hanibook.co.kr

값은 뒤표지에 있습니다. 파본이나 잘못된 책은 서점에서 바꾸어 드립니다.

ISBN 978-89-8431-880-9 04080

문화의 길
총서
10

흔들리는
생명의
땅

섬

글·사진 이세기

한겨레출판

일러두기
- 저자 제공본 외에 이 책에 사용된 사진은 그 출처를 밝혔습니다. 저작권은 해당 출처에 있습니다.

인천 섬과
섬사람들의
외침

인천의 섬과 섬사람

　　내가 태어난 곳은 덕적군도(德積群島)의 섬이다. 내 고향을 말할 때 나는 종종 한없이 작아지는 듯한 느낌을 받는다. 무엇보다, 사람들이 섬에 대해 관심이 없기 때문에 덕적군도가 어디에 있는지 매번 설명해야 했다. 덕적도(德積島), 문갑도(文甲島), 울도(蔚島), 지도(池島), 백아도(白牙島), 굴업도(掘業島), 소야도(蘇爺島), 이작도(伊作島) 등 43개의 유·무인도 섬 무리로 이루어진 군도이지만 아직 모르는 사람들이 많다. 그 때문인지 나는 덕적군도를 과장되게 말할 때가 있다. 섬이 좋은 거야 직접 가 보면 알겠지만, 실제의 섬은 외경으로 보는 것과 달리 그리 녹록지 않다.

　섬은 늘 변화무쌍하다. 바다와 면한 척박한 땅에 붙어살기 때문에 손발을 놀리지 않으면 생활이 어렵다. 그런 탓에 갯벌과 산을 오가는 섬 생활은 하루가 짧다. 그럼에도 섬의 아름다움은 말할 나위가 없다. 태초의 신비를 머금은 깨알처럼 갯바위에서 고둥이 태어나고, 봄철에는 현기증 나는 뗏부르꽃 향이 섬 가득 진동한다. 잠자리에 들거나 일어날 때 머리맡에서 물때 이는 소리가 난다. 원시의 숲에는 야생화가 피고 눈으로 덮인 겨울 섬은 침묵의 사상가를 만들기 족하다. 온통 먹빛을 풀어 놓은 듯한 칠흑의 침묵은 또 어떤가. 고요하다 못 해 적막하여 절로 자신을 돌아보게 하는 마력이 있다. 갯벌은 어떠한가. 숭숭 뚫린 온갖 숨구멍은 보는 것만으로도 숨통이 절로 시원하다. 코끝에 풍기는 곰솔 향도 그만이려니와, 갯바위에서 나는 갓 돋은 파래 갯내음에 쉬 취하게 한다. 작은 섬이야말로 아름다움으로 그득하다. 온갖 꽃과 갯바위의 원시의 내음은 섬으로 오라 손짓한다.

섬사람들은 대개 섬과 뭍을 오간다. 터전이 섬이지만 경제, 의료, 교육 문제 등으로 뭍일을 보아야 하기 때문이다. 섬사람에게 "가을바람을 믿어서는 안 된다"는 구설이 있다. 행여 섬을 드나들 때 악천후를 만나면 섬에 들어가기도, 섬에서 나오기도 어렵다. 바다는 잔바람에도 큰 파도가 인다. 섬사람들에게는 바다가 거대한 벽인 셈이다. 예전에는 섬을 들어가기 위해서는 며칠이고 항구에서 바람 잘 날만 기다리곤 했다. 기다림 끝에 배를 타면 가도 가도 끝이 없는 망망한 풍경이 지날 뿐이었다. 느릿한 소보다도 더 느리게 풍경이 지나갔다. 마치 느린 영상처럼 비현실적인 모습이다. 지금이야 쾌속선이 다녀서 눈 깜짝할 사이에 인천항에 당도한다. 하지만 섬사람들은 지금도 쾌속선보다는 누

워 갈 수 있는 완행 철부선을 선호한다. 지루하기까지 한 이 배는 선실
이 방으로 되어 있어 누워 가기 안성맞춤이다. 아이에게 젖을 먹이기
도 편하며, 바닥이 뜨끈뜨끈해 곤히 잠을 청하기 좋다. 지금은 전기로
방을 데우지만, 예전에는 다다미 선실 바닥에 화목 난로가 있었다. 고
구마나 밤 등을 구워 먹으며 지루함을 달랬다. 그때처럼 소소한 재미

| 완행 철부선

는 없어졌지만 선실 환경은 한결 넓고 쾌적해졌다.

　덕적군도에는 뱃사람들이 많았다. 안강망(鮟鱇網) 어업의 황금시대
였던 1950~1960년대에 그곳 섬들이 어항(漁港)이었기 때문이다. 너
나없이 초등학교만 졸업하고 보릿고개를 넘기 위해서 화장(火匠)으
로 안강망 배를 탔다. 지금은 안강망이 사라졌지만 1980년대까지만
해도 인천 연안부두는 안강망 배로 가득했다.

　시간이 나면 나는 가끔씩 연안부두를 찾는다. 생래적인 강력한 힘이
나를 부두에 오게 하는 것이다. 폐항이 되다시피 한 연안부두를 쓸쓸
하게 걷고 있으면 부두에서 낮술에 취해 드러누운 안강망 뱃사람들이
떠오르곤 한다. 위태롭게 부둣가에 누워 잠을 청하는 뱃사람들에게서
까마득한 삶의 깊이를 가늠한 적이 있었다. '집채만 한 파도'를 넘으며

바다를 떠돌다 저렇게 항구의 부두에서 술에 취해 누운 뱃사람들을 보면서 많은 질문이 쏟아져 나왔다. 도대체 이 사람들은 어디에서 와서 어디로 가는 것인가? 그 누구도 관심이 없고 돌아봐 주는 사람도 없이 방치되다시피 한 삶에서 늘 한기를 느끼곤 했다.

경향 각지에서 배를 타러 온 사람들은 대개 굶주린 사람들이었다. 충청도, 전라도에서 오는 외지인이 대개 그러했다. 배를 타면 현금을 많이 쥘 수 있다는 꿈을 꾸고 온 사람들이었다. 가족을 건사하기 위해서 혈혈단신 뱃사람이 되기 위해 인천항을 찾아온 것이다. 그러니 화장이라도 일자리가 있으면 훌쩍 부두에서 배로 옮겨 탔다. 그러고는 배 이물에 있는 식당에 들어가 며칠 굶주린 배를 채웠다. 하지만 한때는 수백 척이 넘었던 안강망 어선들이 사라졌다. 배들로 항구가 가득했던 풍경도 사라졌다. 무시나 조금이 되면 그야말로 장관이 따로 없

인천과 덕적도를 오간 여객선 관광7호(1970년)

었다. 그 많던 배들은 어디로 사라졌을까?

인천의 섬들이 활기를 잃은 것은 어장과 밀접한 관계가 있다. 조기잡이로 유명한 연평어장이 사라지고 민어와 새우가 지천으로 나던 덕적군도에 있는 뱅이어장과 뒷면어장이 사라졌다. 덕적도 북리항이 폐항이 되었다. 어족 자원의 고갈과 함께 섬들도 활기를 잃어 갔던 것이다.

섬 주민의 외침

섬에도 사람이 살고 있다. 가마우지와 갈매기만 오롯이 사는 곳이 아니다. 우물이 있는 섬마다 마을이 있고 당산을 모시고, 대대로 세거(世居)한 집안에는 조상의 신주를 모신 감실(龕室)이 있다. 고유의 예절과 공동체의 섬 문화를 꽃피우며 살아 왔다. 두레 굿이나 배치기 노래 등 섬마다 특색 있는 마을 대동계와 갯문화가 있다. 뒤란에서 정한수를 떠 놓고 비나리를 하는 모습은 아름답다. 사람이 사람의 길을 기원하고 우주의 뭇 생명을 소원하는 일만큼이나 종교적인 것은 없다. 나는 가끔씩 섬사람들에게서 영성을 발견한다. 미물조차 허투루 내쫓는 일이 없기 때문이다. 아마도 모진 고난의 삶이 생명을 사랑하는 마음을 낳게 했을 터이다.

섬사람들은 자립심이 강하다. 모진 풍파를 이겨 내야만 자립할 수 있기 때문이다. 척박한 섬에서 살아남기란 여간 힘든 일이 아니다. 제발 제 손 쓰지 않으면 양식을 얻을 수 없는 것이 섬 생활이다. 척박한 사토(沙土)의 농지를 일궈 고구마, 감자, 콩을 심고 골라낸 돌로 담장

을 쌓고 살아간다. 삼동의 북풍을 맞으며 갯바위에서 굴을 쪼는 손은 갈퀴처럼 문드러져 뼈가 앙상하다. 궂은 비바람을 이겨 내듯 온갖 시름을 견뎌 낸다. 이러한 섬사람들의 애환은 흔히 갯가 노래로 불리었다. 수심가나 나나니타령은 모두 섬 주민들의 애환이 잘 나타나 있는 섬 민요들이다.

그런데 인천 섬들을 다니다 보면 억울한 사람들의 한스러운 목소리와 마주한다. 납북 어민 문제, 열악한 교육 환경, 경제적 빈곤, 선착장 기반 시설 노후, 해사(海沙) 채취, 어족 자원 고갈 등으로 인하여 섬은 슬프다. 무관심의 영역으로 방치되어 왔고, 급기야는 뭍사람들의 욕망으로 핵폐기물 처리장이 될 위기에 처하기도 했다.

　굴업도 핵폐기물 처리장 건설은 섬이 소외된 변방이라는 것을 단적으로 말해 준다. 핵폐기물을 실은 배가 서해를 오간다는 것은 끔찍한 일이 아닐 수 없다. 바다를 잘 아는 섬사람들은 문제의 심각성을 직감적으로 알아차렸다. 암초가 많고 풍랑과 해무로 변화무쌍한 곳이라서 대형 선박의 접안은 위험이 따를 수밖에 없다. 그런 바다의 지형지세도 모르는 상황에서 핵폐기물을 실은 배들이 출입을 한다는 것은 서해를 죽음의 바다로 내모는 짓이다. 조상 대대로 살아온 섬에 핵폐기물만은 막아야 한다는 섬사람들의 열의가 한데 모인 것은 당연했다. 1995년 1월 '인천앞바다 핵폐기장 대책 범시민협의회'가 결성되면서 핵폐기물 처리장 철회를 위한 서명과 궐기대회가 열렸다. 덕적군도 섬

핵폐기장 철회를 위한 인천시민 궐기대회

마다 "핵폐기장 반대"의 목소리가 드높았다. 끝내는 뭍으로 나와 시민들과 결합해서 핵 반대 투쟁을 전개하기도 했다. 서울까지 원정 투쟁을 했으며 그린피스와 연대해서 싸웠다. 섬에 사람이 살고 있다는 것을 온 세계에 알렸다.

굴업도 핵폐기물 처리장 반대 투쟁은 결국 섬 주민과 시민들의 열의에 힘입어 이겼다. 하지만 후유증도 만만치 않았다. 집안 형제가 찬반으로 나뉘고, 이웃도 서로 등을 돌렸다. 섬 공동체가 그 문제로 사분오열되어 버렸다. 핵폐기물 처리장 건설 계획은 결국 섬 주민들의 저항에 부딪혀 폐기되었지만, 한번 잃은 섬 주민의 민심은 되살아나지 않았다. 상처가 가슴 깊이 남아 있다. 하지만 그 사건으로 섬 주민들은 핵폐기물의 위험성을 공감하게 되었다. 비록 작은 외침이었지만 섬사람들의 목소리가 하나가 되었다.

그런데 알고 보면 이 외침은 섬사람들의 소외의 목소리다. 이 목소리는 육지와 먼 섬이 생존해 가기가 어렵다는 외침이 아닐 수 없다. 일자리가 없고 생계는 막막하다. 학교는 폐교되고 어린아이들의 울음소리가 사라졌다. 어장은 물고기가 잡히지 않아 날로 황폐해지고 있다. 뭍처럼 공장을 지을 수 없고, 대규모 휴양 시설을 유치하기도 어렵다. 최근에는 골프장 건설을 둘러싸고 불어닥친 개발 열풍 때문에 다시 민심이 흔들리고 있다. 오랫동안 지켜 온 섬 공동체가 분열되고 있는 것이다. 개발에 찢긴 슬픈 섬이 떠오른다.

섬의 사유화와 섬 공동체

"섬을 사세요! 섬을 팝니다." 언젠가 옹진군(甕津郡)에서는 섬을 판매한다는 홍보를 했다. 사람들은 주목도 하지 않던 섬에 모처럼 관심을 보여 주었다. 섬을 소유할 수 있다는 꿈을 잠시 꾸었다.

나는 섬을 판다는 광고를 보면서 못내 씁쓸했다. 속내야 섬을 개발하겠다는 뜻이었겠지만, 섬을 팔 수밖에 없는 처지로 내몰린 행간이 서글펐기 때문이다. 섬의 경제적 자립도가 형편없이 낮은 것이 원인일 터이다. 이를 모를 리 없지만, 이 난데없는 광고는 섬사람들에게 가슴 쓰린 일이다. 나고 자란 고향을 판다는데 침묵하고 지낼 사람이 어디 있겠는가.

섬 개발 열풍은 인천의 섬에만 국한된 문제가 아니다. 리조트, 마리나항 등의 개발에 섬은 몸살을 앓고 있다. 섬을 섬답게 보존하는 것이 가장 큰 경제적 이득이라는 것을 알면서도 당장의 먹고사는 문제가 급하다 보니, 자연 생태를 보존하여 지속 가능한 발전을 하자는 외침은 배부른 소리로 치부되기 일쑤다. 척박한 섬 생활을 견뎌 온 섬사람들의 생존을 자연에만 의존하는 것도 한계가 있다. 언제까지 자신의 육신과 같은 옥토를 갈기갈기 파헤치며 연명할 수 있겠는가.

좋은 소식도 있다. 질질 끌어 오던 굴업도 골프장 건설 문제가 '포기 선언'으로 전기를 맞이한 것이다. 하지만 겨우 한 획이 그어졌을 뿐이다. 앞으로 더 많은 인천 섬들에서 개발 열풍이 가속되리라 본다. 모래와 골재 채취를 위한 채광권 문제가 곳곳에 도사려 있다. 뭍과 섬을 잇

섬의 폐가(백아도)

는 연륙교 가설을 둘러싸고 벌어질 일도 많다.

이러한 문제들은 섬들을 섬답게 유지해 왔던 모래와 갯벌, 그리고 원시림들이 무분별하게 파괴되어 황폐화한다는 데에 그 심각성이 있다. 모래는 꽃게나 새우들의 산란처이다. 무분별한 모래 채취는 이들 꽃게와 새우의 생존 터전을 빼앗는다. 갯벌의 풀등이 사라지면 인천 섬들을 찾아오는 백로, 검은머리물떼새 등의 먹이가 없어져 또 다시 생존을 위해 이주해야만 한다. 식물과 동물이 생존할 수 없는 땅에서 인간 삶의 연속성도 보장받기 어렵다.

섬은 섬의 눈으로 보아야 한다. 누차 강조하는 바이지만 이 기회에 나는 섬만큼은 비사유화의 영역이 되기를 바란다. 섬은 특수하다. 섬은 해양과 맞닿는 공유수면이 있기 때문에 특정한 집단에 의해 사유화되는 순간 만인이 누려야 할 공공성은 사라진다. 토종이 사라지고 새롭게 이식된 육지 식물들이 이를 대체한다. 급기야는 입도(入島)를 막거나 입도하기 위해 돈을 지불해야만 하는 사태가 벌어질지도 모른다.

섬사람들은 머지않아 발 딛고 선 자기 땅에서 추방되어야 할 운명을 겪어야 될지도 모른다. 지금도 섬 고유의 토착종들이 사라진 자리에 외래종이 이식되고 있으며, 천혜의 원시림은 파헤쳐지고 수억 년을 지켜 온 섬둘레인 '갯티'는 망가지고 있다. 섬을 황폐화의 길로 내모느냐 아니면 지속 가능한 발전을 위해 섬답게 보존하느냐는 오로지 오랫동안 정주하며 삶을 일구어 온 섬 주민들이 결정할 몫이다.

인천 앞바다의 섬에 사람이 살기 시작한 때는 석기시대로 거슬러 올라간다. 패총과 고인돌이 그 증좌다. 맨 처음 섬으로 들어온 손님이 누구인지 알 수는 없지만, 생존을 위해 험난한 파도를 넘어 섬으로 이주했거나 호란·사화 등을 피하기 위해 섬에 들어왔던 사람들이야말로 낙도 오지의 섬을 지켜 온 주인임에 틀림없다. 생존을 위해서든 다른 세상을 꿈꾸어서든, 섬이 좋아 들어온 이들이야말로 어제도 오늘도 섬 문화의 진정한 주인들이다.

프롤로그 5

1부 🏔 덕적군도의 재발견

• 덕적군도의 발견 25

• 덕적군도와 섬 주민 36

• 『덕적도사』 교주(校註) 45

• 덕적군도의 언어 51

• 덕적팔경 66

• 덕적도 시 「망야음」과 「어명시」 76

• 덕적군도의 혼 80

2부 🛶 황금 어장과 안강망의 시대

• 조기의 신 임경업과 연평도 101

• 대청도 고래와 고래 파시 111

• 안강망의 황금시대 116

• 안강망의 어항, 북리 132

• 북리항의 마지막 배 목수 138

• 태풍과 어부 조난비 144

3부 섬사람들

• 서포 김만중과 소연평도 153

• 원(元) 순제와 대청도 160

• 하와이 이주민과 섬사람들 168

• 임용우와 섬에서의 만세 소리 174

• 훈맹정음의 창안자 박두성 180

• 섬사람 최분도 신부 184

• 기형도와 연평도 197

• 땅콩 농사로 한평생 206

• 서포리 직업 낚시꾼 212

4부 ☞ 섬의 외침, 섬에서의 삶

━━━━━━━━━━━━━━━━━━━━━━

• 안강망 어선 춘덕호와 납북 어민 223

• 굴업도에서 배우다 237

• 일본으로 팔려 간 굴업도 민어 246

• 굴업도 시 254

• 굴업도 지명 이야기 258

• 무인도를 찾아가다 262

• 목숨을 건 이동 276

5부 역사의 섬 교동도에 가다

• 교동도를 찾아가다 285

• 병자년의 환란 290

• 고구리 사람들 295

• 관미성을 찾아서 299

• 유배자의 적거지 304

• 물푸레나무를 기리다 306

• 청주벌을 보다 311

• 배를 기다리다 313

에필로그 318   참고 문헌 328

인터뷰에 응해 주신 분들 330   덕적군도사 연표 330

1부

● 덕적군도의 발견

● 덕적군도와 섬 주민

● 『덕적도사』 교주(校註)

● 덕적군도의 언어

● 덕적탐경

● 덕적도 시「덩아들」과「어명시」

● 덕적군도의 혼

덕적군도의
재발견

"산은 높고 어두운 곳이 없이 밝고 환하며,

물은 그윽하고도 깊어 광활하다.

샘물은 달고 토지는 비옥하며, 소나무는 무성하고

나무들이 빽빽이 들어찼다.

산에서 캔 나물은 맛있어서 먹을 만하고,

낚시한 고기 또한 신선하여 먹을 만하다."

덕적군도의
발견

옛 기록으로 본 덕적군도

　　지금까지 43개의 섬으로 이루어진 덕적군도에 대해
서 알려진 바는 그리 많지 않다. 여러 이유가 있지만 그중 하나는 육지
중심의 시각에 있다. 조선조의 해상 봉금(封禁)정책으로 바다는 영토
로 인식하지 않았다. 하지만 그 이전에 고구려나 고려가 해상 세력이
강성했던 국가라는 것은 널리 알려진 사실이다. 고구려 후예 온조(溫
祚)와 비류(沸流)가 인천에 백제의 고도(古都) 미추홀을 세울 때에도 육
지보다는 해상을 통해서 이주했다는 설이 설득력이 있다. 발해만과 평
안도 해안을 거쳐서 장산곶→백령도→대청도→연평도→우도→교동
도→장봉도→덕적도→영종도로 이어지는 뱃길을 통해 남하해 정착
한 이주 세력이라 할 수 있다.

고려가 해상무역으로 번성할 때에는 한강 하구 일대의 경기만(京畿灣)에 속한 섬인 교동도, 덕적도, 장봉도, 영종도가 덩달아 흥했다. 고려의 멸망은 곧 해상 세력의 쇠퇴를 의미한다. 해상의 주요 통로로 번성했던 교동도가 조선조에 이르러 왕가의 유배지로 전락하고 강화도에 행궁(行宮) 자리를 내준 것도 이와 무관하지 않다. 경기만 일대의 섬들의 운명은 곧 왕조의 해상에 대한 태도에 달렸다고 해도 과언이 아니었다. 섬의 흥망성쇠가 육지 중심이냐 해상 중심이냐에 따라서 운명을 달리했던 것이다.

덕적군도가 문헌에 기록된 것은 오랜 역사를 가지고 있다. 『삼국사기』에는 660년(무열왕 7년) 당나라 소정방이 30만 대군(『구당서』, 『자치통감』 등에서는 수륙 10만 군이라고 기록)을 이끌고 산둥반도 끝인 내주(萊州) 성산(成山)을 출발해서 황해를 건너 백제로 향했고, 태자 김법민(金法敏)이 병선 100척을 거느리고 덕물도(德物島)에서 영접했다는 기록이 있다. 또한 663년(문무왕 3년) 당나라 장수 손인사(孫仁師)가 백제부흥 운동을 진압하기 위해 40만 대군을 이끌고 덕물도를 경유했다고 기록되어 있다(『삼국사기』 권6, 「신라본기」 6, 문무왕 3년 5월). 670년(문무왕 10년)에는 고구려 부흥 운동을 위해 대형(大兄)으로 있던 검모잠(劍牟岑)이 고구려 왕족 안승(安勝)과 사야도(史冶島, 오늘날 소야도)에서 회동하여 안승을 왕으로 추대하기도 했다.

고려 시대에 들어와서 원(元)의 간섭기에는 인천 섬들이 원의 황족(皇族) 유배지로 알려지기도 했다. 백령도, 대청도를 비롯하여 오늘날의 덕적도인 인물도(仁物島)나 영흥도(靈興島) 등지에 황족을 유배하기도 했다.

　이상의 기록에서도 보듯이 덕적군도가 중국과 고구려, 백제, 신라는 물론이고, 고려 시대에 들어와서도 황해 및 서해 뱃길 수로의 요충이었다는 것을 알 수 있다.

　조선 시대에 와서 덕적군도는 주로 목장(牧場)으로 사용되었다는 기록이 남아 있다. 조선 초에 이미 장봉도, 시도, 신도, 덕적도, 사야곶(소야도), 소홀도(자월도), 이작도, 독갑도(문갑도), 승황도(승봉도), 이측도(이작도), 영흥도 등에 목장의 존재가 확인된다. 덕적군도의 섬들에 대해 최초로 기록한 문헌을 일별하면 다음과 같다.

- 『고려사(高麗史)』 지리지, 당성군조 하
- 『삼국유사(三國遺事)』
- 『세종실록(世宗實錄)』 지리지
- 『동국여지승람(東國輿地勝覽)』 권13
- 『신당서지리지』
- 『택리지(擇里志)』
- 『경기지(京畿誌)』
- 『대동지지(大東地志)』
- 『조선지지자료(朝鮮地誌資料)』

『고려사』 지리지에는 대부도(大部島), 소우도(小牛島), 선감미도(仙甘彌島), 영흥도(靈興島), 소물도(召勿島), 승황도(承黃島), 인물도(仁物島),

이즉도(伊則島), 잡량곶도(雜良串島), 사야곶도(沙也串島), 난지도(難知
島), 목력도(木力島) 등이 나온다. 오늘날 선갑도, 영흥도, 승봉도, 덕적
도, 이작도, 소야도 등이 있다.

『세종실록』지리지에서는 덕적도(德積島)를 인물도(仁物島)라고 소
개하고 있으며, 둘레가 15리, 말 257필을 놓아먹인다고 했다. 소야도
의 옛 지명인 사야곶(士也串)에서도 말(馬)을 놓아먹인다고 기록되어
있다.

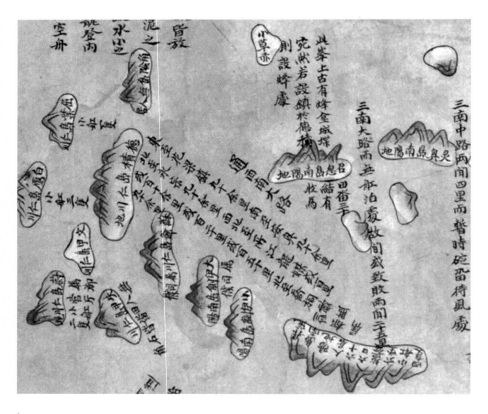

18세기 중엽에 제작된 『해동지도(海東地圖)』 '덕적진' 편의 일부. 왼쪽 가운데 큰 섬이 덕적도이고,
바로 위의 각험도부터 반시계 방향으로 돌아가며 굴업도, 울도, 문갑도, 소야도, 이작도 등이
그려져 있다.(사진: 인천광역시청)

『동국여지승람』에는 덕적도와 독갑도(禿甲島), 신야곶도(新也串島), 구을압도(仇乙鴨島)가 소개되어 있다. 목장(牧場)이 있다고 기록된 독갑도는 오늘날의 문갑도(文甲島)로, 섬의 형상이 마치 장수가 투구를 쓰고 있는 것과 같다고 하여 붙여진 이름이다. 이는 문갑도의 주산(主山) 깃대봉(276미터)의 형상과 일치한다. 문갑도는 독갑(禿甲), 문접(文接) 등으로도 불렸다. 신야곶도는 소야도, 구을압도는 굴업도를 지칭한다. 소야도(蘇爺島)는 사야도(史冶島), 사야곶도(沙也串島), 사야곶도(土也串島), 신야곶도 등으로 쓰였으며, 이를 '새곶섬', '사야곶섬', '소의도', '소야도', '사야곶도' 등으로 다양하게 불렀다. 당나라 소정방(蘇定方)이 머물렀던 섬이라고 해서 소야도라고 이름 지었다. 굴업도는 구을압도, 굴압도(屈鴨島)라고도 불렸다.

『대동지지』(1864년)에는 덕적도가 덕물도(德勿島), 인물도와 함께 표기되어 있으며, 사야곶도, 문갑도, 굴압도, 배알도(拜謁島), 울도(蔚島) 등이 덕적도의 남쪽에 있다고 기록되어 있다. 배알도는 오늘날 백아도(白牙島)를 가리킨다.

『택리지』와 덕적도

　　　　　『택리지(擇里志)』(1751년)에서 이중환(李重煥, 1690~1752)은 덕적도를 다음과 같이 기록했다.

　　충청도 서산(瑞山) 북쪽 바다 가운데 있는 덕적도는 당나라 소정방이 백제를 정벌할 때 군사를 주둔시켰던 곳이다. 뒤에 있는 세 개의 돌 봉우리는 하늘에 꽂힌 듯하다. 여러 산기슭이 빙 둘러쌌고 안쪽 은 두 갈래 진 항구로 되어 있는데 물이 얕아도 배를 댈 만하다. 나 는 듯한 샘물이 높은 데서 쏟아져 내리고, 평평한 냇물이 둘렀으며, 층 바위와 반석이 굽이굽이 맑고 기이하다. 매년 봄과 여름이면 진 달래와 철쭉꽃이 산에 가득 피어 골과 구렁 사이가 붉은 비단 같다. 바닷가는 모두 흰 모래밭이고, 가끔 해당화가 모래를 뚫고 올라와 빨갛게 핀다. 비록 바다 가운데 있는 섬이라도 참으로 선경(仙境)이 다. 주민들은 모두 고기를 잡고 해초를 뜯어 부유한 자가 많다. 여러 섬에 장기〔蟲〕 있는 샘이 많은데 덕적도와 군산도(群山島)에는 없 다.〔『택리지』「복거총론, 산수조(卜居總論, 山水條)」〕

사람이 살 만한 땅을 선별한 『택리지』의 '산수' 편에 나오는 덕적도 는 바다에 있는 산에 대한 평이다. 소정방이 다녀갔던 유서 깊은 섬이 며, 그 주산인 국수봉과 조운봉, 비조봉 아래 항구와 개울이 많고 진달 래와 철쭉꽃이 골 가득하게 피고 바닷가 해당화와 은모랫벌이 펼쳐진 선경(仙境)이라고 기술하고 있다. 섬 주민의 환경과 생활이 풍족하여 주거하기 좋다는 뜻이다.

『택리지』에 나오는 덕적도 풍경은 오늘날과 크게 다르지 않다. 세 개 의 돌 봉우리는 국수봉, 운주봉, 비조봉을 가리킨다. 덕적도는 천연의 만(灣)이 여러 군데 있다. 우포(友浦)의 벗개, 서면(西面) · 익포(益浦)라 했던 서포리(西浦里), 이개 해변, 쑥개 해변 등은 모두 만의 형태로 완

만하게 펼쳐져 있어 천혜의 항구로서 손색이 없다. 개울도 풍부하다. 그 물로 논농사를 짓고 식수로 사용했다. 서포리만 해도 사방공사를 한 1966년 이전만 해도 개울물이 사구(砂丘) 사이로 흘렀다. 게다가 봄이면 진달래와 산철쭉이 산골마다 피어 붉은 비단 물결을 이루었다 한다. 해송과 백옥 같은 은모래밭이 펼쳐진 서포리 해변에는 붉은 해당화가 봄부터 늦가을까지 피고 지고 했다. 샘물도 짐짐한 맛인 염기(鹽氣)가 없어 물맛도 단맛이 날 정도로 일품이었다고 섬의 노인 분들은 지금도 이구동성으로 말하고 있다.

「덕적서(德積序)」에서는 덕적도를 "산은 높고 어두운 곳이 없이 밝고 환하며, 물은 그윽하고도 깊어 광활하다. 샘물은 달고 토지는 비옥하며, 소나무는 무성하고 나무들이 빽빽이 들어찼다(山崇峻而明朗, 水幽邃而廣闊, 泉甘流而土肥沃, 松茂密而木叢聚)"고 노래한 데 이어, "산에서 캔 나물은 맛있어서 먹을 만하고, 낚시한 고기 또한 신선하여 먹을 만하다. 밭은 김을 매지 않아도 벼와 기장이 익고, 산의 후미진 곳에는 산삼과 지초가 저절로 자라난다. 동백과 석류는 호남의 것과 비슷하고, 백미와 찹쌀은 선주와 곽주의 장요와 흡사하다. 토산물인 부추·고비나물·송이버섯·석이버섯은 동쪽 골짜기에 예나 다름이 없고, 수산물인 게·대합·민어·조기 등은 바로 주변 바다에 있다(採山美而可茹, 釣水鮮而可食, 田不鋤治而禾黍成熟, 山有僻處則蔘芝自長, 冬栢石榴象湖南之栢榴, 白米粘米學宣郭之長腰, 土山之菲薇松石耳依然東峽, 水族之蟹蛤民石魚正是邊海)"고 기록하고 있다.

덕적군도 삼보(三寶)

덕적군도에서 세 가지 보배를 꼽으라면 '소나무'와 눈이 부실 정도로 새하얀 '해변', 그리고 풍부한 '물'이다. 섬마다 해안을 끼고 고랑마다 빼곡하게 들어앉은 적송은 가히 덕적군도의 백미라 할 수 있다.

덕적도에는 유난히 솔밭이 많다. 진리(鎭里)에 있는 송정(松汀)을 비롯하여 밭지름, 서포리 해수욕장에 서식하는 나무가 토종 조선 소나무이다. 해변에 뿌리를 드러낸 채 자라는 소나무의 끈질긴 생명력은 덕적도의 제일경(第一景)이라 할 수 있다.

은모래밭으로 둘러싸인 해변은 눈이 부셔서 걸어서 못 다닐 정도였었다. 1970년대까지만 해도 서포리 해수욕장은 국민 관광단지로 서해 최대의 해수욕

덕적도 송정 하늘 |

서포리 해수욕장(1975년 5월)

장이었다. 해수욕장 주변에 방풍림으로 둘러쳐진 소나무 밭도 절경이지만, 해송 사이사이로 불어오는 해풍이야말로 자연 냉풍이 따로 없었다. 귀와 온몸을 씻어 주는 물때 소리는 원시의 석기시대를 연상하게 한다. 여기에 은모래밭에 피고 지는 해당화가 지천인데, 봄부터 늦가을까지 쉬지 않고 피고 진다.

또한 덕적 하면 물이 흔한 곳이었다. 그런데 근래에는 풍부했던 물이 고갈되고 있다. 주민들은 산허리의 도로, 골짜기 등에 콘크리트로 토목공사를 한 이후부터 물이 마르기 시작했다고 한다. 1970~1980년대에 박아 놓은 '쫄장(수동식 물 펌프)'을 쓰지 않고 폐쇄한 것도 수맥에 영향을 주어서 물이 사라지게 하지 않았겠느냐는 말도 했다.

"본래 덕적도에는 물이 많았어요. 어렸을 적만 해도 개울에 물이 많았어요. 80년대까지만 해도 그 물로 농사를 많이 지었어요. 농사 지을 물이 많았던 거죠. 물이 졸졸 흘러내려 봄이 되면 개울가에 물 안개가 끼고, 해안단구 사이로 수양버들이 멋졌어요. 운주봉과 비조 봉에서 물이 내려와 서포리 해수욕장 사구 절벽 밑으로 흘렀던 거 죠. 그때는 사구가 낭떠러지였어요. 모내기철이면 개굴개굴 개구리 소리 들으며 동네 분들이 모내기를 하다가도, 서포리 해변에 바닷물 이 들어오면 그물을 쳐서 숭어를 열댓 마리씩 잡아 와 회 쳐서 막걸 리와 먹고 그랬어요. 여름철에 해수욕장에 온 사람들이 물 걱정을 안 했어요. 수영하고 난 후 개울에서 몸 씻고 그랬었죠. 그랬는데 개 울을 시멘트로 복개해서 없앴어요. 꼬불꼬불한 개울을 직선 수로로 만들었죠. 개울물이 있어서 좋았던 풍경인데 지금은 사라져서 아쉽 죠." (이덕선, 덕적도 서포리)

덕적도 주민이라면 물이 풍부했던 시절을 자연스레 떠올린다. 하지 만 최근에 해사 채취로 덕적의 세 가지 보배 중 하나였던 은모래밭이 사라지고 있다. 이중환이 『택리지』에서 절경이라 노래한 덕적도의 풍 경이 잊혀 가고 있다. 소나무 밭을 따라 은모래밭을 걸었을 이중환의 길이 마구잡이 해사 채취로 파괴되고 있는 것이다.

눈부시게 빛나는 '은모래밭'과 맑고 깨끗한 '물', 기상이 넘치는 '소 나무'는 덕적군도 섬들의 보배이다. 🖉

덕적군도와
섬 주민

　　덕적군도는 지정학적 위치상 충청도, 전라도, 경상
도 등 삼남(三南)과 양서(兩西)인 황해도와 평안도의 수로(水路)가 되는
까닭에 왕래하는 사람들이 많았고 이들이 입도(入島)해 이루어졌다.
원 섬 주민들의 입도 이유는 대개 귀양과 피난이었고, 그 후에는 삼남
과 양서의 뱃길로 이어지는 요충지이기에 이들 지방의 사람들이 자연
스레 섬 주민으로 편입되었다.

　덕적군도는 1789년(정조 13년)에 편찬한 『호구총수(戶口總數)』에 의
하면 한적한 섬마을이었다.

- 덕적진 진리(德積鎭 鎭里) : 원호(元戶) 107, 구(口) 448(남 250, 여
  198)
- 익포리(益浦里) : 원호 73, 구 293(남 167, 여 126)

- 능동리(陵洞里): 원호 47, 구 185(남 101, 여 84)
- 소야도(蘇爺島): 원호 92, 구 332(남 198, 여 134)
- 문갑도(文甲島): 원호 37, 구 116(남 67, 여 49)
- 백아도(白牙島): 원호 32, 구 110(남 55, 여 55)

덕적도의 진리, 익포, 능동을 포함하여 인근 섬인 소야도와 문갑도, 백아도의 가구 수와 남녀 인구수를 밝히고 있다. 익포리는 오늘날 덕적도 서포리이다. 서포리는 서면(西面)이라 불렸으며, 익포라고도 했다. 1917년 행정구역을 개편하면서 벗개의 우포와 서면의 익포를 합쳐 서포리라고 했다.

덕적군도 섬들에 사람이 입도한 시기가 언제인지 정확하게 알려진 바는 없다. 지금까지 알려진 바로는 조선 초기만 하더라도 주로 말 목장으로 사용되다가, 호구 수(戶口數)로 보자면 18세기에 이르러서 많은 수가 섬에 유입되었다고 밝히고 있다.

하지만 『삼국사기』와 『택리지』 등에서 소정방이 덕적도에 상륙했었다고 기록한 것을 보면, "소정방이 상륙 시대도 무인도(無人島)라고는 보기 어려울 듯하다. 무인도에 대군(大軍)의 장기 주둔(長期駐屯)이라함은 상상하기 어려울 것이다"라고 이숭녕(李崇寧, 1908~1994)이 『한국서해도서(韓國西海島嶼)』(1957)에서 지적한 것은 상당히 일리가 있다.

그런데 주목할 점은 18세기 후반에 이미 오늘날과 별반 차이가 없는 가구 수가 존재했다는 사실이다. 섬 주민의 수는 섬에 따라 다르지만, 오히려 오늘날보다 더 많은 사람들이 거주했다. 이들 섬 주민들 중에는 왜란이나 호란 등을 피해 입도하였거나 군호(軍戶) 관련 가족이 정착하면서 주민이 된 경우도 상당수 포함되어 있는 것으로 보인다.

덕적군도 섬 주민이 입도한 전성기는 1950년대이다. 1960년 당시 1천656가구에 인구는 8천826명(남 4천284, 여 4천542)에 달했다. 대다수는 덕적도 북리와 서포1리에 살았다. 북리와 서포1리에 인구수가 많았던 것은 한국전쟁으로 피난민이 많이 거주했기 때문이다. 북리에만도 1960년대 말까지 피난민들이 집단적으로 거주하여 600여 가구가 있었다. 피난민들은 황해도 연안(延安), 옹진(甕津)과 평안도에서 원주민을 압도할 만큼 많이 입도하였다.

1953년 인구통계에 의하면 덕적군도에 원주민이 1천16세대, 피난민이 1천228세대이고 인구로는 원주민 6천39명, 피난민이 6천749명이었다. 이들은 울도 새마을, 문갑도 농밖에, 덕적도 북리와 서포리 등지에서 살았다. 피난민들은 대개 황해도 사람들로, 주로 안강망 어업을 하거나 목수, 만신, 상업 등의 일에 종사하였다.

1873년 문갑도 준호구

문갑도(文甲島)는 덕적도 남서쪽에 있는 섬이다. 섬의 모양이 글을 읽는 선비의 문갑 같아서 붙여진 이름이라고 알려져 왔으나, 문접(文摺) 등으로도 불렸던 것을 보면 글과 관련된 이름이라 할 수 있다. 정유왜란(丁酉倭亂)을 피해 강릉(江陵) 김씨 13대조가 입도하여 정주한 섬이다. 강릉 김씨 상서공파(尙書公派)의 족보(「德積江陵金

氏世譜(全)」에 의하면 13대조 김명립(金命立, 1638~1691)이 정유왜란 때에 김포 통진(通津)에서 이주해 와 소야도에 입도하고, 아우인 김명리(金命理)는 문갑도에 정착했다.

현재 문갑도에 강릉 김씨 38세손(世孫)이 살고 있으니 입도 시기가 400년을 넘어서고 있다. 글을 몹시 좋아했던 강릉 김씨 후손이 세거(世居)하면서 서당을 열고 풍류를 즐겼다 하니, '문갑풍월(文甲風月)'이 그로부터 연유한다. 서당에서 천자문(千字文), 동문선습(童文先習), 명심보감(明心寶鑑), 해동역사(海東繹史) 등을 읽는 아이들의 소리가 멀리 마을 밖에까지 들렸다고 한다.

인천광역시립박물관 전시관에는 덕적진에서 발급한 '김판석 준호구(金判錫準戶口)'가 전시되어 있다. 1882년(고종 19년) 문갑도에 사는 호주 첨정(僉正) 김판석에게 발급한 준호구이다. 준호구는 오늘날로 치면 일종의 호적신고서이다. 조선 시대에 인구조사를 위해 각 호의 호주로 하여금 자기 호의 구성원인 가족 및 함께 사는 친인척, 노비 등의 간략한 인적 사항을 기록해 호구단자 2부를 관에 납부하도록 했다. 1부는 호적대장 수정을 위한 자료로 사용했고, 1부는 이전 식년의 호적대장과 대조·수정해 관인을 찍어 호주에게 돌려주었다. 돌려받은 호구단자는 신분 증명으로 사용하였다.

문갑도는 덕적진의 관할 하에 있던 섬으로서 호구조사를 시행하였다. 1873년에 덕적진(德積鎭)에서 발급한 문갑도 평산(平山) 신씨 '신선천(申先天)의 준호구'를 살펴보면 다음과 같다.

同治 十二年 正月 日 德積鎭

考癸酉式成籍戶口帳內 文甲島 第七統 五戶

閑良申先天年貳拾玖乙巳生本平山

父僉正用祖學生降業曾祖學生明山外祖學生李延水本慶州

妻鄭氏年貳拾玖乙巳生本慶州

四祖名本不知奉母李氏年五拾柒丁丑生 第大行年貳拾戮戊申生

嫂張氏年貳拾貳壬子生

第庚午戶口相準

行節制使 手決

동치(同治) 12년 정월 일에 덕적진(德積鎭)에서 발급한다.

계유년에 완성된 호구장적을 살펴보면 호주의 주소는 문갑도 제7통 5호이다.

역직은 한량(閑良), 이름은 신선천(申先天), 나이는 29세 을사(乙巳)생, 본관은 평산(平山)이다.

부는 첨정(僉正) 용(用), 조부는 학생(學生) 강업(降業), 증조부는 학생 명산(明山), 외조부는 학생 이연수(李延水)로 본관이 경주(慶州)이다.

처 정(鄭) 씨는 29세 을사(乙巳)생이며, 본관은 경주(慶州)이다.

사조 명과 본관을 알 수 없는 어머니 이(李) 씨는 57세 정축(丁丑)생이며, 동생 대행(大行)은 26세 무신(戊申)생, 제수(嫂) 장(張) 씨는 22세로 임자(壬子)생이다.

경오년 호적부와 대조하여 틀림이 없다.

행 절제사(行節制使) 수결.

이 준호구 발급 시점은 동치(同治) 12년 정월이고 날짜는 기재되어
있지 않다. 계유년인 1873년에 새로 만든 호적부에 근거하여 발급한
준호구이다. '동치'는 중국 청나라 목종(穆宗, 재위 1862~1874) 때 연호

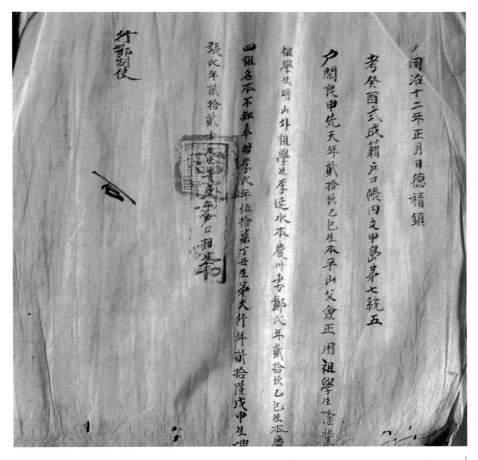

로 동치 12년은 고종 10년에 해당한다. 한량(閑良) 신선천은 1845년
(헌종 11년) 을사생으로 당시 29세였다. '한량'은 아직 벼슬하지 못한
무인 또는 무과 응시자를 의미한다.

호적에는 사조(四祖)가 기재되어 있는데, 사조는 부, 조부, 증조부,
외조부를 가리킨다. 조선 시대에 사조가 어떤 사람이었느냐는 한 개인
의 출세에 중요한 의미를 지닌다. 과거 응시자들은 녹명(錄名)이라는
등록 절차를 밟아 시험을 치렀는데, 이때에도 사조를 밝혀 아무런 하
자가 없어야 응시가 허용되었다. 관리의 인사 발령 때에도 사조를 조
사하였다. 조선 시대에는 5품 이하의 하급 관리에 대한 인사는 사헌부
와 사간원의 동의[署經]를 거쳐야 했는데, 이때 해당 관원의 사조를 살
펴서 그중 어느 한 사람이라도 신분에 문제가 있는 경우에는 거부권을
발동하였다.

부친 신용(申用)은 첨정(僉正)을 지냈으며, 처는 경주 정씨로 29세이
다. 첨정은 조선 시대 돈녕부, 훈련원 등에 두었던 종4품직으로, 여러
관청에서 부정(副正) 밑에 두어져 각 관아의 총무(總務) 처리를 담당했
다. 역직을 기재함에 있어 벼슬을 하지 못한 선비는 살아있을 때에는
유학(幼學)이라 하고, 죽은 후에는 학생(學生)이라고 하였다. 그러나 집
안에서 보관하고 있는 도광(道光) 25년(1845년) 6월에 발급된 교지를
보면, "신룡(申龍)을 선략장군 행 훈련원 판관(宣略將軍行訓練院判官)
으로 삼는다"는 내용이 있다. 여기서 '용(用)'은 '룡(龍)'의 오자로 이름
의 한자를 잘못 기재한 것으로 보인다. 교지에는 경기감영에서 계속
근무하여 임기가 찬 장교에게 전례에 따라 수여한다는 내용이 부기되

어 있으며, 선략장군은 종4품 무반의 품계 가운데 아래 품계의 명칭이다. 훈련원 판관은 종5품 직급으로 품계에 비해 낮은 직급을 수여하였으므로 '행(行)'이라 표현하였다. 이로 볼 때 조부와 증조부는 돌아가셨고, 부와 외조부는 준호구로 보아서는 생사가 분명하지 않다. 신선천의 처 정 씨는 1845년(헌종 11년) 을사생으로 남편 신선천과 동갑이다. 모시고 사는, 사조와 본관을 알 수 없는 어머니 이 씨는 57세로 1817년(순조 17년) 정축생이고, 1848년(헌종 14년) 무신생인 동생 대행과 1852년(철종 3년) 임자생인 제수 장 씨가 있다.

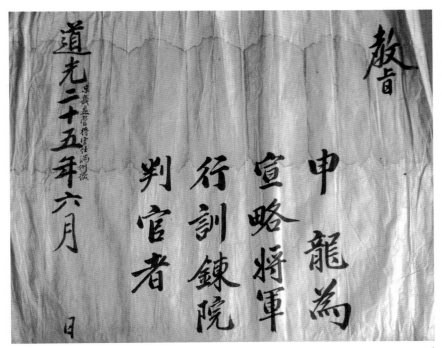

도광(道光) 25년 신룡(申龍)을 '선략장군 행 훈련원 판관'으로 임명한다는 교지

마지막으로, '상준(相準)'은 서로 같다는 말로, 이 준호구를 경오년 (1870년, 고종 7년) 호적부와 대조한 결과 '상위 없음'을 뜻한다. 준호구는 3년마다 조사했으므로, 1870년에 조사한 이후 1873년에 이 준호구를 발급했다는 것을 알 수 있다. 절제사가 직접 수결(手決)하고 관인을 찍었다.

문갑도 '신선천 준호구(申先天準戶口)'는 지금의 호적등본과 같은 것으로, 덕적진에서 호주의 신청에 따라 관에서 보관하고 있는 호적부를 베껴 쓰고[謄寫] 대조하여 틀림이 없음을 확인한 후 절제사의 결재를 받고 관인을 찍어 발급해 준 호적 문서이다. 하지만 당시 호적에 기재된 인구에는 자식이 기록되어 있지 않다. 주로 사조와 호주를 파악한 것으로 보인다. 이를 통해 발급된 당시인 1873년 문갑도에 거주한 평산 신씨 호주 신선천의 가족 사항을 엿볼 수 있다. 🖼

『덕적도사』
교주(校註)

　　지금까지 덕적도 역사에 관한 본격 연구서로는 덕적도 향토사학자인 김광현(金光鉉)의 『덕적도사(德積島史)』가 유일하다. 최초의 본격적인 도사(島史)라 할 수 있다. 암흑에 묻힐 뻔한 덕적군도의 향토사를 보고한 선구적인 저술이다. 물론 그 전에도 덕적도사가 없지는 않았다. 다만, 소야도의 향토사학자 김현기(金賢基) 씨와 덕적도 백운당(白雲堂) 오지섭(吳止燮) 목사 집안에 내려오는 문건이 전부라 해도 과언이 아니다. 이들은 덕적군도 연구의 선구자들이다. 『덕적도사』가 나올 수 있었던 것은 이러한 선구적 연구들 덕분이다.

　　그런데 『덕적도사』에는 1930년대 이전의 덕적군도 역사에 관한 기록이 전무하다. 덕적군도의 최고 전성기였던 시대에 대한 언급이 없고, 그에 관한 연구조차 없는 점은 아쉬움으로 남는다. 그럼에도 『덕적도사』는 덕적도민이 쓴 최초의 덕적도사라는 점에서 그 의의가 크다. 이

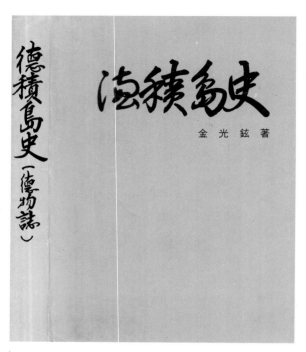

德積島史 (德物誌)

海積島史

金光鉉著

김광현의 『덕적도사』

점을 전제하고 『덕적도사』를 살펴보면 다음과 같다.

첫째, 앞에서 말했다시피 1930년 이전의 기록이 전무한 편이다. 덕적도를 비롯한 문갑도, 울도, 백아도 등에는 1930년대 전후로 건하 어장이 활발할 때 경인(京仁) 지역뿐 아니라, 일본에 유학한 학생은 물론이고 미국 유학생들도 많았다. 1918년 덕적도에 유학생만 2백여 명이되었다는 것은 일찍이 덕적도가 문명개화의 계몽 세례를 받아, 유학파를 중심으로 지식인층이 형성되었다는 것을 의미한다. 이를 증명이라도 하듯, "덕적에 가서 아는 체 말라"거나 "문갑에 가서 풍월(風月) 짓는 척을 하지 말라"는 속담까지 있을 정도다. 덕적군도가 교육열 높은

문향(文鄕)이었음을 단적으로 말해 주는 사례라 하겠다. 덕적군도 출신 지식인들은 1933년에 결성된 덕우회(德友會)를 통해 활발하게 활동하였다. 하지만 한국전쟁 와중에 사회주의 사상을 가진 지식인들이 덕적도 앞 먹염(墨島)바다에 수장당하거나 월북하면서 상당수의 지식인들이 사라졌다.

둘째, 이 책은 덕적도를 중심으로 일종의 덕적도사에 국한되어 덕적군도에 속한 섬들에 대한 접근이 이루어지고 있지 않아 아쉬운 점이 많다. 본도(本島)인 덕적도 외에 외곽도인 문갑도, 지도, 울도, 백아도, 굴업도 등의 역사 문화에 관한 서술이 빠져 있어 덕적군도를 전체적으로 볼 수 없다는 한계를 가지고 있다. 이 섬들의 민어 파시와 안강망(鮟鱇網) 어항, 새우 어장 등과 섬 문화에 관한 보고가 없어 아쉬움이 크다.

셋째, 덕적도사에서 큰 비중을 차지하는 북리항(北里港)에 관한 상세한 논의가 빠져 있다. 북리항은 굴업도, 문갑도와 함께 1930년대 이후 안강망의 어항으로 안강망 역사에서 중요한 역할을 담당했다. 또한 황해도 피난민 출신들이 입도하면서 뱃굿, 대동굿 등이 당시 활발하게 시연되었던 곳인데, 이러한 무(巫)굿 등 해양 민속 문화가 빠져 있다. 북리는 안강망 어항으로 뱃고사가 많았던 항이다. 이북 피난민 중에서 배연신굿 등을 하는 무당이 많이 살았던 곳도 북리다. 북리에서 거의 매일 굿을 하였음에도 무속(巫俗)을 미신(迷信)이라 하여 민속학적 접근을 배제한 점이 아쉽다.

넷째, 덕적군도 섬 문화에서 중요한 종교사에서 기독교에 대해서는 어느 정도 상세하게 논하였으나, 동학과 천주교에 대해 논한 내용은 거의 없다. 갑오년(甲午年, 1894년) 당시 덕적도에만 동학(東學, 천도교) 교도가 700여 명이 있었다고 전해진다. 또한 1960년대만 해도 덕적도 두 곳을 포함하여 문갑도, 울도, 백아도, 굴업도 등에 공소(公所)가 있었던 곳으로, 천주교가 일찍이 전래되었으나 그에 관한 서술이 전무하다. 덕적도는 1970년대에 시작된 새마을운동보다 앞서 1966년 무렵에 이미 관개수로 및 주택 개량과 병원, 전기, 수도와 상수도, 병원선 운행, 간척, 해태 양식 등과 관련된 공동협동조합 등 사업이 활발하게 진행되었던 곳이다. 이른바 자치적인 마을공동체 운동과 조합 운동을 일찍이 실험하고 실천한 섬이었다. 그 과정에서 1966년 덕적 성당에

부임한 최분도 신부의 역할이 컸는데, 이런 사항들에 관한 검토가 이루어지지 않아 아쉽다.

그 밖에도 덕적군도의 생활문화사에 대한 구체적인 접근이 없다. 섬 사람들의 생활과 주거 형태, 섬 문화, 구비전설, 금기(禁忌), 지명, 각 섬의 성씨(姓氏)의 입도 시기와 유래, 주요 인물 등에 관한 상세한 기술이 빠져 있다. 이에 대한 체계적인 보완이 덕적군도사의 향후 과제라 할 수 있다.

『덕적도사』에서는 사실과 다른 부분도 몇 군데 발견된다. 이를 밝히면 다음과 같다.

먼저, 제1장 지지(地誌) 편 제2절 '지세(地勢) 및 지형(地形)'에 실린

「덕적팔경(德積八景)」에는 '울도어화(蔚島漁火)'로 되어 있으나, 서호은파(西湖銀波) 오진섭(吳振燮, 1904~1950)의 「덕적팔경」에는 '울도어경(蔚島漁磬)'이라 하고 있다. '어경'은 어부들이 고기 잡는 소리를 의미하고, '어화'는 고기잡이배들이 피워 놓은 불빛을 의미한다. 노인 분들 말씀에 따르면 해방 전만 하더라도 울도 근방 어장에서 고기잡이하는 배들에서 저녁밥을 짓기 위해 피워 놓은 장작불 연기가 장관이었다고 한다. 카바이드등을 밝히고 고기 잡는 배들의 불빛도 그에 못지않았다고 하니, 어경이나 어화나 장관임에는 틀림이 없다.

덕적 출신의 출향(出鄕) 인사 모임인 덕우회가 창간한 《덕우회보(德友會報)》(1975. 4. 5.)에서는 '덕적팔경'을 국수단풍(國壽丹楓), 운주망월(雲注望月), 서해낙조(西海落照), 용담귀범(龍潭歸帆), 평사낙안(平沙落雁), 선미등대(善尾燈臺), 선접모운(仙接暮雲), 울도어화(蔚島漁火)로 기록하고 있다. 『덕적군사』에 실려 있는 문갑풍월(文甲風月) 대신 악험도(惡險島)라고 불렀던 선미도(善尾島)의 등대가 들어갔다. 이는 덕적도를 중심으로 덕적팔경을 정했기 때문이다.(덕적팔경에 대해서는 뒤에서 좀 더 자세히 살펴볼 것이다.)

제4절 '구적(舊跡)과 전설(傳說)'에 '순국열사 임용우 선생 영세 불망비(殉國烈士林容雨先生永世不忘碑)' 비문이 잘못 소개되고 있다. 이 책에서는 '3·1운동(三一運動)'으로 되어 있으나, 원문에는 '3·1혁명(三一革命)'으로 표기되어 있다. 이 비문 역시 서호은파가 지은 것이다.

덕적군도의
언어

덕적군도 주민은, 뱃길로 이어져 있다는 지리적 조건 때문에 황해도, 평안도, 경기도, 충청도, 전라도 등지에서 이주한 사람들로 구성되어 있다. 이로 인하여 독특한 방언과 순우리말로 이루어진 지명이 많이 남아 있다. 덕적군도의 방언은 최초로 이숭녕(李崇寧)에 의해 채집되어 보고되었다. 1949년 6월 11일부터 17일까지 덕적도를 비롯하여 지도, 백아도, 울도, 선갑도, 문갑도, 소야도 등지에서 덕적군도 학술 조사가 진행되었다. 그중 이숭녕이 작성한 「덕적군도의 방언 연구」에서 덕적군도에 남아 있는 어휘인 '치매(裳)', '북새(霹)', '바대(海)', '지럭시(長)', '여(岩礁)' 등을 설명하면서 다음과 같이 덧붙였다. "덕적도 방언(方言)은 남방계(南方系)로서 충남(忠南) 충북(忠北)의 일부, 전라(全羅) 경상(慶尙)의 일부와 같은 분포이나 어휘에 있어서는 중앙 즉 경기(京畿) 방언의 침투가 우선 충남 북부 해안선을 끼고 들어간 것이라고 추측된다"면서, 이는 여러 방면으로 교통하는 섬이라는 조건 때문이라고 언급하고 있다.

다음은 지금도 쓰이고 있는 덕적군도의 독특한 방언, 어로와 물때 관련 용어, 지명 등이다.

방언

- 북새: 아침이나 저녁 때 피어오르는 노을을 뜻한다. 아침 북새는 비가 오거나 바람이 분다. 저녁 북새는 바다가 잔잔하고 비가 안 온다. 다음 날 날씨가 좋을 징조로 받아들인다. 북새가 피면 "북새 하는 것을 보니, 날이 궂으려 한다"고 말한다.
- 게기: 물고기. '괴기'라고도 한다. 배가 들어오면 "괴기 많이 잡았 수까?" 한다.
- 앙가심 터져라: 부녀자들이 답답하거나 우울할 때 흔히 쓰는 표현 이다. "가슴 아파라"의 의미와 같다.
- 창재기: 물고기나 동물의 창자(腸子). 물고기의 창자로 만든 것을 '창재기젓'이라 한다.
- 모새: 모래
- 갬물: 바닷물. '바댓물', '갯물', '바닷물' 등으로 부른다.
- 구적: 굴 껍질
- 풀: 바다에 모래 등이 쌓여 얕은 곳을 의미. '풀등', '풀치'라고도 한다.

- 맹감: 해당화 열매. '맹감'이라고도 한다.
- 작사: 해변에 있는 주막. 파시(波市) 때의 임시 주막집들을 가리 킨다.
- 좨: 굴을 쪼는 용구. '좨', '굴방쇠', '좨칼' 등으로 부른다. 소나무를 깎아 만든 둥치에 좨라는 철제 용구를 끼워 만든다.
- 가남쇠: 나침판
- 니알: 내일
- 뱀자: 배의 임자, 선주
- 낭구, 남구, 낭게: 나무
- 갱: 고둥, 대수리
- 거의, 거이: 게
- 갠변, 갱변: 백사장, 해변
- 조구(조기), 미네(민어), 농에(농어) 등 물고기 이름
- 울대: 고기의 울음을 듣는 데 쓰는 청죽(靑竹)
- 매, 마, 맷날, 만날: 물때. 조수와 관계된 말로 의미가 같다.
- 통난, 통선: 연락선
- 자구리: 밴댕이
- 무수: 무
- 멧갓: 산
- 짐: 김
- 세구: 석유
- 독새: 독사

- 짐치: 김치
- 가새: 가위
- 꽹이, 구의: 고양이
- 성: 형
- 아수: 아주머니(작은어머니를 부르는 말)
- 바대: 바다. "바대 안 간디?"
- 감예: 바닷물이 나간 상태
- 갱국: 갱으로 만든 냉국
- 짐짐하다: 갯물이 섞여서 물맛이 짐짐하다는 뜻
- 재빼기: 산언덕을 이르는 말. 재너머, 너머.
- 등걸: 나무줄기가 잘려 나간 밑부분
- 울도리(울도), 뺄(백아도), 이적(이작도) 등 섬 이름

안강망 배 관련 용어

- 뱀자(배 임자): 선주
- 사궁(사공): 선장
- 영자: 선원 중 최고령자
- 이자: 선원 중 두 번째 고령자
- 동사: 일반 선원
- 화장(火匠): 주방 선원으로, 최하위 선원이다.
- 나가사키 배: 일본에서 들어온 안강망 목선(木船). 일본 나가사키

(長崎) 지방에서 유래한 배. 일중선(日重船)이라고도 한다.

- 이물(船頭): 배의 앞부분
- 고물(船尾): 배의 뒷부분
- 묘시(錨視, 龍首, 船頭): 배의 앞부분. 목선인 나가사키 배의 이물 모양. "묘시가 잘 빠졌다"는 '배가 잘생겼다'는 말이다.
- 두짓잽이: 사궁의 봉급. 일반 선원(동사) 봉급의 두 배를 일컫는다.
- 짓반잽이: 영자의 봉급. 동사 봉급의 한 배 반이다.
- 한짓잽이: 일반 선원의 봉급
- 삼칠제(사륙제): 선원과 선주 간의 어획 분배율로, 3(4)을 선원에게 7(6)을 선주에 배당하는 것을 말한다. 그 대신 선주는 출어 자금과 기타 세금 등 경비 전체를 부담한다.
- 시꼬미(しこみ): 어로 작업을 할 때 선주가 배에 들이는 물품 및 선원들의 부식 일체

바람 관련 용어

- 된바람(동풍)
- 늦바람(서풍)
- 마파람(남풍)
- 하늬바람(북풍)
- 된하늬바람(동북풍)
- 늦하늬바람(서북풍)

- 된마파람(동남풍)

- 늦마파람(서남풍)

- 높새바람(가을 초에 부는 계절풍)

- 회오리바람(도는 바람)

물때 관련 용어

섬사람들에게 물때는 생활이다. 물때에 의해 바닷가 삶이 이루어지기 때문이다. 바닷가 사람들에게 "한 물때는 넘기겠다"는 말이 있다. 이는 사경(死境)이 임박한 사람을 보고 하는 말로, 물이 썰 때보다 물이 미는 시간대에 임종이 임박한 사람이 더 많아서 나온 말이다.

옛날에는 자연의 이치를 판단하는 천기(天機) 관찰법인 천기 신산법(神算法)이며, 풍수지리인 감여학(堪興學), 일진(日辰)과 택일법, 물때 보는 법 등이 있었다. 자연의 이치를 관찰하는 것이 생활과 밀접하게 관련되었기 때문이다.

덕적군도 사람들은 "아침에 북새가 피면 파도가 인다"고 한다. 아침 조업에 나가기 전에 해상의 상태를 보고 하루 일과를 시작하는 것이다. "북덕바람이 불면 날이 궂친다"는 말도 있다. 바람이 불어올 징조를 가리키는 말이다.

강화도에서는 해마다 음력 10월 15일이 되면 혹심한 추위가 찾아온다. 이 추위를 '손돌이 추위'라고 한다. 손돌이라는 뱃사공이 강화 염하(鹽河)에서 억울하게 죽은 것이 한이 되어 추위를 몰고 온다 하여 붙은 이름이다. 이러한 천기 관찰법은 섬사람들의 오랜 지혜와 생활문화에서 비롯한 것이다. 관상대가 없었던 시절에 쓰였을 뿐 아니라, 지금도 여전히 유용하다. 다음은 섬사람들이 쓰는 물때와 관련된 용어들이다. 물때는 음력을 기준으로 본다.

- 1일: 일곱 물('물'은 매, 마, 맷날, 맛날, 만날 등으로 불린다.)
- 2일: 여덟 물
- 3일: 아홉 물
- 4일: 열 물
- 1~4일을 '사리(大潮)'라 한다.
- 5일: 한 께끼. 께끼는 '껵기'라고도 한다. 5~9일은 '조금'이다. 조금(潮減)은 조수가 낮은 음력 매달 8일과 23일경을 일컫는다. 달이 상현(上弦, 7~8일)과 하현(下弦, 22일)에는 지구를 중심으로 태양과 달의 방향이 직각이 되므로 서로 당기는 힘이 지워져서 간만의 차가 작아진다. 이때가 조금이다. 달이 상현이 된다.
- 6일: 두 께끼
- 7일: 아치 조금, 세 께끼
- 8일: 쪽 조금
- 9일: 무시, 무수, 무쉬. 소신(小汎). 무쉬는 조금 다음 날로 매달 9일과 24일, 곧 조수가 조금 붇기 시작하는 물때를 일컫는다.
- 10일: 한 만날. 또는 '한 매', '한 물'이라고 한다.
- 11일: 두 물(두 만날), 두 매

- 12일: 세 물(세 만날), 서 매
- 13일: 네 물(네 만날), 네 매, 너 매
- 14일: 다섯 물(다섯 만날), 닷 만날
- 15일: 여섯 물(여섯 만날)
- 16일: 일곱 물
- 17일: 여덟 물
- 18일: 아홉 물
- 19일: 열 물
- 10~19일: 사리
- 20일: 한 께끼
- 21일: 두 께끼
- 22일: 아치 조금, 세 께끼
- 23일: 쪽 조금
- 24일: 무시
- 25일: 한 물
- 26일: 두 물
- 27일: 세 물
- 28일: 네 물
- 29일: 다섯 물
- 30일: 여섯 물

물때 시간표

날짜	물때	밀물	썰물
1일, 16일	일곱 물	04:45, 17:05	10:51, 23:09
2일, 17일	여덟 물	05:25, 17:25	11:31, 23:52
3일, 18일	아홉 물	06:02, 18:43	12:01, 00:03
4일, 19일	열 물	06:42, 19:08	12:46, 00:33
5일, 20일	한 꺽기	07:19, 19:46	13:21, 01:12
6일, 21일	두 꺽기	07:55, 20:44	13:56, 01:51
7일, 22일	세 꺽기	08:31, 21:03	14:32, 02:30
8일, 23일	조금	09:12, 21:49	15:11, 03:11
9일, 24일	무시	10:05, 22:54	16:01, 04:04
10일, 25일	한 물	11:08, 23:31	17:08, 05:22
11일, 26일	두 물	13:02, 00:26	19:09, 07:13
12일, 27일	세 물	14:20, 01:51	20:23, 08:22
13일, 28일	네 물	15:14, 02:52	21:15, 09:10
14일, 29일	다섯 물	15:57, 03:36	21:56, 09:47
15일, 30일	여섯 물	16:04, 04:12	22:33, 10:20

• 대략 물때에 맞춘 물때 시간표. 밀물과 썰물은 만조 시간에 준함.
• 출처: 오세주, 「달이 뜨는 시간과 물때 관찰법」, 『無不達 오세종 목사 화갑 기념 문집』, 217면

물때

• 사리: 그믐, 초하루(朔)와 보름(望)에는 태양과 달과 지구가 일직선 위에 있게 되어, 간만의 차가 제일 크다. 이때를 사리라고 한다.

• 한사리: 보름과 그믐날 조수가 가장 심할 때를 일컫는다. 대기(大起), 만조(滿潮), 대(大)사리, 대고조(大高潮)라고 표기한다.

- 백중(百中)사리: 7월 15일을 백중일이라 하는데, 이때가 백중사리이다. 백중사리 때에는 평소의 사리보다 높은 수위를 보이게 된다. 달과 지구, 태양이 일직선상에 배치되고 달과 지구의 거리가 가까워져 해수면이 높아진다. 이 기간 동안 만조 시간대와 겹치게 되면 해수 침수 등이 일어난다.
- 사는 물과 죽는 물: '사는 물'은 '조금'에서 '사리'로 가는 시기를 일컫는 말이고, '죽는 물'은 '사리'에서 '조금'으로 가는 시기를 말한다. 물고기는 '사는 물' 때에 잘 잡힌다.
- 조류가 가장 빠른 날과 가장 느린 날: 조류는 '사리(15일, 30일)'의 1~2일 뒤가 가장 빠르며, '조금(8일, 23일)'의 1~2일 뒤가 가장 느리다. '무시(9일, 24일)'에는 조류가 거의 움직이지 않는다.
- 들물과 날물: 들물은 들어오는 물, 날물은 나가는 물을 말한다. 하루에 들물 두 번, 날물 두 번씩이 있다. 보통 여섯 시간 간격으로 이루어진다. '들어오는 물' 때를 세분하면, 처음 두 시간을 '초 들물', 그다음 두 시간을 '중 들물', 마지막 두 시간을 '끝 들물'이라고 한다. '나가는 물'은 두 시간 간격으로 '초 날물', '중 날물', '끝 날물'이라고 한다.

섬의 지명과 관련된 용어들

여, 염

'여'는 물이 들어오면 잠겼다가 물이 나가면 드러나는 바닷가 바위를 가리킨다. '염'은 섬에 비해 규모가 작고 식생대가 있으나 우물이 없는, 바윗돌로 된 작은 섬을 말한다. 섬은 우물이 있고 마을이 있다는 점에서 염과 차이가 있다.

[보기] 먹염(덕적도), 감투여(덕적도), 감여(덕적도), 배처럼여(덕적도), 준치여(굴업도), 마당여(굴업도), 첫단여(굴업도), 중단여(굴업도), 끝단여(굴업도), 노랑여(굴업도), 단개비여(굴업도), 장간여(소이작도), 할미여(문갑도), 치루여(울도), 노루여(울도). 주벅여(울도), 웃무여(울도), 시루여(울도), 딴여(소야도), 삼복여(백아도)

언, 얼

인천 앞바다 섬들에는 유난히 '언'이나 '얼' 자가 들어가는 지명이 많다. 월미도가 그중 하나이다. 월미도의 어원을 얼도(孼島), 얼미도(孼尾島)로 보고 얼이 서자(庶子)의 얼(孼)에서 파생되었다 하여 월미도를 서자 섬 취급하는 경우가 종종 있다. 하지만 그렇지 않다. 이런 지명을 가진 섬의 특색은 모래사장으로 벌이 형성되어 있다는 것이다. 활등처럼 육지로 쑥 들어온 바다의 부분을 이르는 말로 만(灣)이 있는데, 이 '만'의 순수한 우리말 어원이 '언리' 내지 '얼리'이다. 즉, '언'이나 '얼'이 들어가는 지명은 대체로 만과 같은 지형을 보인다. 따라서 월미도 역시 만이 형성된 지형을 소리 나는 대로 한자어로 적어서 어을미도(於乙味島), 얼도(孼島), 얼미도(孼尾島)로 명칭이 변형되었다가 월미도로 굳어진 것이 아닌가 한다.

[보기] 언리(선갑도, 문갑도), 한얼리(문갑도), 돌얼내(대이작도), 능언리(신도)

너머, 너메, 넘어

재, 고개(峴), 산 고개를 의미한다. '저너머', '등생이', '등너머', '저너모', '너메'라고도 한다. 고개 너머를 '고개넘어'로 부르기도 하고 '너머로 간다', '넘어간다', '고개 넘어간다'라는 식으로 고개 지명에 붙여서 쓴다.

[보기] 당너머(굴업도, 문갑도), 문턱너머(굴업도), 호망너머(문갑도), 어르너머(문갑도), 땟넘어(이작도), 우물너머(소이작도), 벗너머(승봉도), 노랑서너메(백아도), 당넘어(백아도), 밭너메(백아도), 아랫집너머(백아도), 윗집너메(백아도), 포가집너메(백아도), 집너메(지도), 집터넘어(지도), 굼베너머(울도), 목너머(울도), 뻐죽산너머(울도), 화분네집너머(울도)

벗

인천 섬인 신도(信島)의 벗마을은 1920년대까지 바닷물이 마을 앞까지 들어오던 곳이며, 조선 시대부터 염벗을 만들어 소금을 굽던 곳이다. 벗마을이란 지명은 소금을 굽는 염벗[鹽盆]이 있는 마을이라는 데에서 유래한 것이다. 옛날 염벗은 큰 가마솥에다 바닷물을 붓고 불을 때어 졸여서 만들었다.

'벗' 자가 들어가는 지명은 예전에 바닷물이 들어오던 갯벌이었으며, 그곳에 염벗[火鹽]이 있었다 하여 '염벗터'라고도 부른다. 덕적도에서는 갯벌 바닥, 갯벌이 넓은 것을 '벗'이라고 했다.

[보기] 벗개(덕적도), 벗도래동네(승봉도), 벗터(승봉도), 큰벗너머(승봉도), 벗넘어(영흥도), 벗개(신도), 벗마을(신도)

부리, 뿌리, 꾸미, 끼미

섬에서 뾰족하게 나온 곳이나 끄트머리를 '부리', '뿌리', '뿔'이라고 했다. '부리'나 '뿌리'는 대개 곶과 같은 지형을 보이는 지명에 붙인 이름이다. '뿌리'는 육지부가 바다로 뻗어 나간 곳을 가리키는 지명이다. 이런 지명이 붙은 곳은 대체로 배를 대기가 용이하기 때문에 인공이 아닌 자연 선착장으로 쓰이는 경우가 많다.

지명에 '미'가 들어가는 곳은 꼬리와 같은 지형이다. 따라서 부리, 뿌리, 미가 같은 지형에서 형성된 어원들이 아닐까 싶다. 덕적도에 있는 어리꾸미 역시 꼬리를 뜻하는 '미'가 아닌가 싶다. '꾸미', '끼미'는 섬에서 골짜기를 가리킬 때 주로 쓰는 이름이다.

[보기] 돌부리(문갑도), 문탁부리(문갑도), 어루부리(문갑도), 진모래부리(문갑도), 진부리(문갑도), 할미부리(문갑도), 계남이뿌리(이작도), 댓골뿌리(이작도), 덕진마을뿌리(이작도), 마배뿌리(이작도), 마을안뿌리(이작도), 스황끝부리(이작도), 아래뿌리(이작도), 웃뿌리(이작도), 유거

시뿌리(이작도), 장골뿌리(이작도), 돌살뿌리(소이작도), 뒈꼴뿌리(소이작도), 목섬뒷산뿌리(소이작도), 벌뿌리(소이작도), 진뿌리(긴뿌리, 소이작도), 목개뿌리(승봉도), 반월산부리(승봉도), 이일레뿌리(승봉도), 진갑을뿌리(승봉도), 개건너뿌리(백아도), 갱건너부리(백아도), 선대부리(백아도), 선배부리(백아도), 앞장부리(백아도), 당뿌리(지도), 딴목뿌리(지도), 아래달뿌리(지도), 당개뿌리(울도), 돌부리(덕적도), 먹뿌리(덕적도), 보습꾸미(덕적도), 어리꾸미(덕적도), 개머리부리(굴업도), 느다시뿌리(굴업도), 때뿌르뿌리(굴업도), 동뿌리(굴업도), 북만산뿌리(굴업도), 재주장부리(굴업도), 쪽끼미(굴업도), 마배뿌리(소야도), 밧뿌리(소야도), 홍의뿌리(북망뿌리, 소야도)

개

'개'라는 지명이 들어간 곳은 만과 같은 지형을 보이고 있다. 외딴 후미진 곳을 이를 때 쓰인다. 저쪽 보고 '어디께(개)다', '그쪽께다' 하는 의미에서 벗개, 쑥개라고 했다.

[보기] 쑥개(덕적도 북리), 벗개(덕적도 서포2리), 숫고개(신도), 쑥개(신도), 나루개(소야도)

목

'목' 자가 들어가는 지명은 본섬과 연결되어 썰물 때 연륙되는 섬이나 조수가 드나드는 물목에 주로 쓴다. 사람의 목처럼 가늘게 이어져 있어 목섬이라고 한다. 덕적도에 '목'이 들어가는 지명이 셋이나 있다. 이개에 있는 목섬과 벗개에 있는 목섬이다. 이들 목섬은 만조가 되면 본섬에서 떨어져 나간다. 팔미도에도 목섬이 있다. 물이 나가면 하나가 되고 물이 차면 분리되어 목섬이 된다.

[보기] 목넘어(덕적도, 울도, 굴업도), 목섬(덕적도, 굴업도), 통갯목(덕적도), 아랫목섬(소이작도), 윗목섬(소이작도), 목섬(승봉도), 딴목(지도), 윗목(지도), 목바점(울도), 목금이(굴업도), 나루개목섬(소야도), 목바위(소야도), 목가지(백아도)

끔, 금, 낌

우묵하게 들어간 해안 지명을 이른다. 후미진 곳을 의미한다. '언', '얼'보다 작은 만의 형태이다.

[보기] 어르끔/어리낌(덕적도), 별난금(자월도), 어리끔(이작도), 살막끔(소이작도), 살막끔(울도), 안살막끔(울도)

덕적
팔경

앞에서 나왔듯이, '덕적팔경(德積八景)'과 '순국열사 임용우 선생 영세불망비(殉國烈士 林容雨 先生 永世不忘碑)'를 작시한 사람은 덕적도 출신 한학자 서호은파(西湖銀波) 오진섭(吳振燮)이다. 서호은파는 덕적진 수군첨절제사 오도명(吳道明, 1708~1758) 장군의 26세손(世孫)이다. 오도명 장군은 훈련원 부정(副正)을 거쳐 지금의 경호실장 격인 용호영(내금위장, 우림위장, 금군별장 등으로 명칭이 바뀜)의 별장(別將)을 역임하다가 덕적진 첨사로 부임하여 근무하던 중 덕적도에서 별세했다.

해주 오씨 집안은 덕적도에서 세거하면서 한학(漢學) 가학(家學)의 전통을 이었다. 가학(家學)이란 한 집안에서 대대로 이어져 오는 학문 전통을 의미한다. 서호은파의 가계에서는 1756년(영조 32년) 덕적진 첨사로 부임한 선조 오도명과 율곡 집안의 피를 이은 외가의 한학 전

통을 이어받아 유년기부터 시전, 고문진보, 한문, 당시, 송사 등의 시
문을 읽고 암송하며 한학을 공부하게 했다. 형제인 서호은파 오진섭,
은탄(銀灘) 오웅섭(吳雄燮, 1912~1976), 백운당(白雲堂) 오지섭(吳止燮,
1917~1999) 등은 모두 한학에 조예가 깊어 시학음풍(詩學吟風)하던 시
우(詩友)이기도 했다. 오지섭은 감리교 목사로 인천의 섬들을 대상으
로 섬 목회 활동에 주력하기도 했다.

　덕적도, 선갑도, 문갑도, 울도 등 덕적군도의 절경을 노래한 「덕적팔
경」은 서호은파의 대표작이다. 이 시는 덕적도 사람이 덕적군도의 절
경을 노래했다는 점에서 의미가 크다. 『덕적도사』에도 실린 「덕적팔
경」을 보자.

　　　국수단풍(國壽丹楓: 국수봉의 단풍)

　　　운주망월(雲注望月: 운주봉의 달 보기)

　　　선접모운(仙接暮雲: 선접도의 저녁 구름)

　　　문갑풍월(文甲風月: 문갑도의 풍월)

　　　울도어경(蔚島漁磬: 울도의 고기잡이 소리)

　　　평사낙안(平沙落雁: 백사장에 내려앉은 기러기)

　　　용담귀범(龍覃歸帆: 용담부리로 돌아가는 배)

　　　황해낙조(黃海落照: 황해에 지는 해)

　'국수단풍'은 국수봉의 단풍을 일컫는다. 국수봉(國壽峰, 312미터)은
덕적도의 주봉(主峰)이다. 덕적도에서 제일 높은 산으로 진산(鎭山)이

다. 국수봉의 단풍을 노래한 국수단풍은 단풍에 물든 가을 산의 풍치를 읊고 있다. 산 정상에 이르는 곳곳에 붉게 물든 단풍은 봄철 진달래가 온 산에 붉게 물든 것과 비교된다. 『택리지』에서 이중환도 덕적도의 진달래가 만개해 온 산에 가득하다고 했다. 단풍 길을 따라 국수봉에 오르면 청명한 가을날 섬의 시야는 그야말로 일망무제(一望無際)다. 붉게 수놓은 비단이 펼쳐지듯 추색에 취한 가을빛을 만끽하게 된다.

국수봉 정상에는 제천단이 있다. 전설에 의하면 옛날에 소정방이 이 섬에 주둔하고 있으면서 제천단을 쌓고 그곳에서 천신에게 제사를 올렸다고 한다. 그리고 『여지승람』에서는 임경업 장군이 덕적도를 지날 때 국수봉에 올라 하늘에 제사를 지냈다고 기록하고 있다. 또 『인천부사(仁川府史)』는 불로초를 구하던 중국 진시황이 보낸 동남동녀(童男童女) 500인이 덕적도 북쪽 끝에 있는 국수봉에서 영약인 국로(菊露)를 발견했다는 전설을 전하고 있기도 하다.

'운주망월'은 덕적에 있는 운주봉(雲注峰, 231미터)에서 하는 달구경이다. 덕적도에는 국수봉, 운주봉, 비조봉이 있다. 세 봉우리에 서면 소야도, 소이작도, 대이작도, 문갑도를 비롯한 덕적군도 외곽 섬들이 파노라마처럼 펼쳐진다. 그중 운주봉은 진말과 서포리 마을에서 접근하기 편해 달맞이하기에 제격이다. 망재를 오르면 서포1리 마을과 해수욕장이 눈앞에 펼쳐진다. 남서쪽으로 문갑도의 깃대봉이 손에 잡힐 듯하고 용담과 선단여, 굴업도가 저 멀리 보인다. 동쪽으로는 이개 포구가 보이고 경기만 일대가 눈에 들어온다. 운주봉 꼭대기에서 불어오는 시원한 바닷바람을 맞으며 바라본 달은 극치의 아름다움을 더할 터이다. 별들이 쏟아지는 밤하늘에 고고한 달, 그야말로 명월풍경이다.

'선접모운'은 해 질 무렵 구름에 휩싸인 선갑도 전경의 아름다움이다. 선갑도는 아무도 살지 않는 무인도이지만 주산인 선갑산(351.6미터)은 덕적군도의 제일봉이다. 반도골을 끼고 바다에 우뚝 솟아 있어 그 위용이 장관이다. 선갑산은 높기 때문에 가을이면 언제나 구름이 산 중턱에 걸려서 신비로운 풍경을 빚어낸다. 전설에 의하면, 선갑산 꼭대기에 물이 고인 웅덩이가 있는데 그곳에 선녀들이 내려와서 목욕을 했다고 한다. 그 밖에도 망구할매 전설, 이무기 이야기 등 숱한 전설을 품고 있는 신비스러운 섬이기도 하다.

'문갑풍월'은 문갑도의 풍월을 가리킨다. 예로부터 "문갑에 가서 풍월 짓는 척을 하지 말라" 한 데에서 알 수 있듯이, 문갑도는 한학에 조예가 깊은 선비들이 많기로 덕적군도에서 이름난 섬이다. 선비들이 세거하며 풍류를 즐겼던 곳이다. 고로(古老)들 말씀에 따르면, 한문의 학풍이 성한 문갑도에 한학자가 많아 풍월을 읊지 말라는 이야기가 전해 오고 있다고 한다. 책상을 닮은 섬 모양에 빗댄 '문갑(文匣)'이라는 별칭이 있을 만큼, 문갑도는 덕적군도에서 '문향(文鄕) 문갑'으로 명성이 자자하다.

'울도어경'은 울도어장에서 들려오는 어부들의 노랫소리다. 울도는 새우 어장으로 이름이 높아 전국의 어선들이 모여들어 새우잡이를 했던 곳이다. 밤새 불을 밝힌 어화(漁火)도 일품이려니와 배에서 저녁밥을 짓기 위해 피운 연기도 일품 일경(一景)이었다고 한다. 거기에 일하며 불렀을 흥겨운 뱃노래가 울도 바다에 가득 찼다. 1930년대에는 새

우가 많이 잡혀서 울도와 인근의 섬인 지도, 백아도, 장구도 등지에 새우 건작(乾作) 시설이 바닷가에 널려 있었다고 한다. 해변에 '독깡'이라는 새우를 찌는 시설을 만들고 그곳에서 찐 새우를 가마니에 넣어 말리는 풍경이 장관을 이루었다는 것이다. 그렇게 말린 새우는 중국,

선갑도 전경

일본 등지로 수출했다고 한다.

'평사낙안'은 서포리 모래밭에 앉은 기러기의 모습이다. 서포리는 해
수욕장으로 알려지기 전에는 왜가리와 기러기들이 한가롭게 내려앉아
놀던 모래밭이었다. 서포리 바닷가 모래사장을 '한장수리'라고 불렀

문갑도에서 본 저녁노을

다. 모래사장 앞의 선대(仙臺)바위는 '한장수리'가 얼마나 아름다웠던지 선녀들이 내려와 옷을 훌훌 벗고 목욕을 하며 마음껏 놀다가 승천했던 곳이라 전해 온다. 서포리의 원래 지명은 익포(益浦)였는데, 이곳 사람들은 '익개'라고 했다. 특히 익개 해변은 노송과 해당화가 많은데 은빛 모래밭에 내려앉은 기러기의 모습과 어우러져 한 폭의 산수화 같았다. 흥취가 돋고 절로 소요(逍遙) 풍월이 나올 만한 절경이었다.

'용담귀범'은 용담에서 귀환하는 배들의 모습이다. 덕적도의 지세는 용의 자태를 닮았다. 비조봉, 운주봉, 국수봉으로 이르는 지형은 용의 등허리와 발가락, 벗개 용머리는 용의 머리다. 용담은 문갑도와 덕적도 벗개 용머리 사이에 있는 깊은 바다다. 예전에는 정월 보름이면 이곳에서 용왕제를 지냈다. 1930~1940년대에는 민어 파시로 유명했고 새우도 많이 잡혔다. 뒷면어장은 1970년대 새우 황금 어장이 있던 곳으로, 민어와 새우를 잡으러 전국 각처에서 모여든 중선배들의 깃발이 장관이었다.

'황해낙조'는 덕적군도 어느 섬에서나 쉽게 볼 수 있는 풍경이다. 망망대해를 시뻘겋게 불태우며 물들이는 낙조는 가히 절경이다. 떨어지는 해는 용의 혀처럼 날름거리며 금방이라도 삼켜 버릴 듯한 기세로 바다를 붉게 물들인다. 일망무제 화엄(華嚴) 바다가 따로 없다. 모든 번뇌를 일거에 용광로에 태워 버리듯 서쪽 바다를 물들이다가 황해로 떨어지는 낙조 속에 하루의 고된 노동을 마치고 고요히 저무는 바닷가 섬마을의 풍광이 절로 그려진다.

서호은파의 또 다른 시가 비문으로 남아 있다. 덕적중고등학교에 있는 송정(松汀)에 세워진 '순국열사 임용우 선생 영세불망비'는 3·1운동 때 덕적도에서 독립 만세 운동을 주도하다 순국한 애국자 임용우 선생의 순국을 기리는 송덕비이다. 그 비문 역시 은파가 지었다.

삼일혁명 함루원사(三一革命 含淚冤死)
수절사의 만고단충(守節死義 萬古丹忠)
의중태산 사경홍모(義重泰山 死輕鴻毛)
입석송공 영세불망(立石頌功 永世不忘)

3·1혁명에 눈물을 머금고 분통하게 죽다
충절을 지켜 의에 죽었으니 만고에 단충(丹忠)이라
의는 태산같이 중하게, 죽음은 홍모(鴻毛)처럼 가벼이 했으니
돌을 세워 그 공을 칭송하도다. 영세불망.

덕적도 시
「망야음」과
「어명시」

　　　서호은파의 동생 은탄(銀灘) 오웅섭은 덕적도 합일 (合一)학교 출신으로 「서도원유기(西島遠遊記)」와, 인천 문학(文鶴)에 있는 향교 문묘(文廟)를 수리하고 이를 기념하여 지은 「문학문묘복구시(文鶴文廟復舊詩)」 등의 작자이다. 다음은 정월 대보름날 운주봉에 올라 대보름 달빛을 보면서 지은 「망야음(望夜吟)」이다. 「덕적팔경」에 나오는 '운주망월'의 풍광을 엿볼 수 있다.

　　　갑신상원월만당(甲申上元月滿堂)
　　　계곡빙설의유강(溪谷氷雪意有江)
　　　왕석관민가가연(往昔官民家家宴)
　　　이금증속무부강(爾今憎俗無釜扛)
　　　풍산임소빈경아(風散林疎頻驚鴉)

성희인적야폐방(星稀人跡夜吠尨)

기도차일기도회(幾度此日幾度回)

건곤불쇠월우장(乾坤不衰月又長)

갑신년 대보름(上元)에 달빛 뜰에 가득하니

계곡 위 빙설은 그 뜻이 강에 있다

옛 관민(官民)은 집집마다 잔치였는데

지금은 속됨을 싫어하여 솥을 들지 않는다

성긴 숲에 바람 부니 갈가마귀 놀라기를 자로하며

별빛도 희미한 밤 인적에 삽살개 짖는다

이런 날이 몇 번이나 오고 가리

천지는 쇠하지 않고 달 또한 길다

이 「망야음」은 당(堂), 강(江), 강(扛), 방(尨), 장(長)을 운(韻)으로 삼아 읊은 7언 율시다. 신년을 맞아 운주봉에 올라 보니 보름달이 밝게 떴다. 산에는 눈이 곳곳에 쌓였고 서포리인 익포 마을이 한눈에 내려다보인다. 보름달 아래 동네는 적막하다. 예전에 비해 살림살이가 궁핍하기만 하다. 숲이 바람에 스산하여 갈가마귀는 놀란다. 별빛 희미한 밤, 삽살개 짖는 소리만 들리는 달밤이다. 그러매 천지와 달이 영원함을 노래한 시다.

이 시를 지은 때가 1944년이니 일제강점기 말이다. 운주봉의 달빛은 고고하지만 마을 아래 삶은 녹록지 않다. 바람에 놀란 갈가마귀와 삽살개 짖는 소리가 스산하다. 정월 보름달이 뜬 망야(望夜)에 잠을 자지 않고 깨어 있음을 노래했다. 산하에 봄은 오지 않고 겨울이 길다는 슬픔을 머금고 있다. 아래 시 역시 은탄이 물고기의 이름으로 지은 희작시(戱作詩)로, 해학이 번뜩인다.

家在小舞賓洲里(가재 소무 빈주리)
半堂雖頹生樂志(반당 수퇴 생락지)
或恐妄動福將移(혹공 망동 복장이)
我求安分修高理(아구 안분 수고리)
浮世凡事多鬱抑(부세 범사 다 울억)
古來人間自怨之(고래 인간 자 원지)
粗記文書淸於新(조기 문서 청어 신)
參差世事未亦易(참치 세사 미역이)

집은 용유 소무의도(小舞衣島) 물가 마을에 있는데
집은 비록 허물어져 가나 마음만은 즐겁다
혹 망령되이 움직이다가 복이 장차 옮겨질까 두려워서
나는 안분(安分)을 구해 높은 도리를 닦는도다
뜬세상 매사에 억울한 일이 많으니
자고로 인간은 스스로를 원망한다
글은 조잡하나 행실만은 맑으니
어그러진 일이 많은(參差) 세상에 이 또한 쉽지 않도다.

「어명시(魚名詩)」는 은탄이 1940년 용유어업조합에서 근무할 때 고기 이름을 넣어서 지은 시다. 한시의 형식이나 훈(訓)을 생각하면서 우리말로 새겨야 의미가 통한다.

가재(家在)는 '가재'로, 빈주리(濱洲里)는 밴댕이 종류의 고기인 '빈주리'로, 반당(半堂)은 '반당이/밴댕이'로, 생락지(生樂志)는 '생낙지/산 낙지'로, 망동(妄動)은 '망둥이'로, 복장이(福將移)은 '복쟁이/복어'로, 아구(我求)는 '아구'로, 수고리(修高理)는 가오릿과 물고기인 '수로기'로, 부세(浮世)는 민어보다는 작고 조기보다는 큰 민어과 물고기인 '부세'로, 울억(鬱抑)은 '우럭'으로, 고래(古來)는 '고래'로, 원지(怨之)는 숭어 큰 것을 가리키는 '언지'로, 조기(粗記)는 '조기(石首魚)'로, 청어(淸於)는 '청어'로, 참치(參差)는 전갱잇과 물고기인 '참치(參差, '부시리'의 방언)'로, 미역이(未亦易)는 '메기'로 읽어야 한다. 물고기 이름을 조합하여 뜻을 만든 재치가 엿보인다.

「어명시」에 등장하는 물고기는 서해에서 흔히 잡히는 것들이다. 밴댕이, 망둥이, 복, 아구, 가오리, 우럭, 부세, 숭어, 조기 등 밥상에 오르던 물고기들로 흥이 절로 난다. 🐟

덕적군도의
혼

　덕적군도의 제1경은 외곽에 흩어져 있는 섬들이다. 문갑도, 선갑도, 지도, 울도, 백아도, 굴업도 등의 유인도와 장구도, 각흘도, 가도, 선단여 등 무인도가 오밀조밀하게 모여 소도(小島)의 아름다움을 간직한 채 망망하게 펼쳐진 바다와 어울려 절경을 이룬다. 선계(仙界)가 있다면 아마 이곳이리라. 억겁의 시간을 견뎌 온 군도에는 창도(唱導) 유래가 전해 온다.

　먼 옛날 망구할매가 이곳에 군도를 세웠다는 설화에는 혼(魂)이 담겨 있다. 때론 거칠고 때로는 유리알같이 부드러운 바다 물색은 용궁으로 빨아들일 듯 요염하다. 외곽에 점점이 떠 있는 섬들의 운치를 즐기노라면 고요한 침묵 속에 시름이 잦아든다. 무인도마다 섬국화가 피고, 선연한 진달래와 동백꽃은 하염없이 손짓한다.

　가히 덕적군도에서 가장 아름다운 '황해의 정원'이다. 일망무제(一望

울도 등대

문갑도 하루산에서 바라본 덕적군도의 외곽 섬들

無際). 덕적군도 어떤 섬을 오르더라도 섬에서 바라보는 섬들의 전경은 황홀하기 그지없다. 덕적도, 소야도, 소이작도, 대이작도, 승봉도, 사승봉도, 먹염, 문갑도, 선갑도, 지도, 울도, 벌섬, 각흘도, 백아도, 곰바위, 가도, 선단여, 굴업도가 펼쳐진다. 이는 덕적군도 제1경으로, 이 섬들에는 '덕적군도의 혼'이 살아 있다.

나는 덕적군도의 섬들을 다니면서 언제나 고향의 혼들과 만난다. 덕적군도의 영산(靈山)인 선갑도, 문갑도 당산과 한월리 해변, 문갑도 깃대봉, 굴업도 당산, 굴업도 연평산과 덕물산, 목기미 해변, 울도 당산, 선단여, 곰바위, 먹염바다, 덕적도 서포리 동무산(東武山), 서포리 해수욕장, 덕적도 국수봉 운주봉 비조봉, 덕적도 용담, 덕적도 송정, 서포리와 밭지름의 소나무, 섬 둘레에 형성된 갯턱길 등은 덕적군도의 터주이자 장소의 혼들이다.

인천 앞바다의 섬들을 다니다 보면 오랜 체취가 담겨 있는 자연경관과 섬 문화를 만난다. 섬마다 펼쳐진 해당화 피는 백사장, 덕적도의 송정과 밭지름, 서포리에 있는 소나무 밭, 백아도와 울도의 돌담집, 울도의 등대, 백아도 당산목, 이작도의 풀등, 승봉도의 이일레 해변, 자월도의 갯턱길, 굴업도의 목기미, 새들의 낙원 무인도인 서만도·동만도, 장봉도의 소사나무 당산목, 교동읍성과 계류석, 화개산성 등 무수히 많은 섬들의 자연문화유산과 마주한다. 이들 자연문화경관은 모두 섬 사람의 생활과 어우러져 조화롭게 빛난다.

망구할매와 선단여

"옛날에 덕적군도에 망구할매가 살았는데, 하루는 망구할매 치마폭에 흙을 가득 담고 선접산을 쌓다가 그만 무너지자 산산이 흩어져 섬이 되었지.

선갑도, 각흘도와 굴업도 근방에 있는 선단여가 만들어졌어. 선단여는 망구할매의 오줌을 누는 봇돌로 사용했지. 이 오줌 덕에 덕적군도의 바다가 마르지 않게 되었어.

망구할매, 어찌나 키가 컸던지 인근 바다가 할매의 무릎에 찼다고 해. 첨벙첨벙 바다 위를 거닐며 다니던 어느 날 풍도골에 가니 수심이 깊어 놀기 좋았던 모양이야. 한참을 놀다 보니 입고 있던 중우〔中衣〕 단속곳에 새우가 가득 찼다는 이야기가 전해 온단다."(서창열, 문갑도)

덕적군도에는 대대로 내려오는 탄생 설화가 있다. 망구할매 설화다. 전설과 민담의 형태로 전승되는 탄생 설화가 그렇듯이 덕적군도의 유래에도 개국의 염원이 담겨 있다. 한양의 안산(案山)인 목멱산(木覓山)이 되기 위해 황해를 건너오다 먼저 구월산에서 출발해 일찍 한양에 당도한 산이 목멱산이 되자 화가 난 망구할멈이 주먹으로 산을 내리치는 바람에 산산이 부서져 군도가 되었다는 유래가 전해 내려온다.

일종의 거녀(巨女) 설화인 망구할매 설화에서 흥미로운 점은 바다의 여신이자 풍요를 상징하는 여성성의 등장이다. 새 왕조의 안산이 되지 못한 원망이 그만 분노로 바뀌어 덕적군도 탄생으로 이어졌다는 창조

망구할매가 봇돌로 썼다는 선단여

신에 얽힌 이야기는 슬프고도 아름답다. 또 망구할매의 봇돌로 쓰였다
는 선단여의 유래에는 풍요를 기원하는 간절한 바람이 스며 있다. 제
주도의 설문대할망이 물장오리라는 수심 깊은 곳에 빠져 최후를 맞는
반면, 덕적군도의 망구할매는 풍요를 구가하는 것으로 결론을 맺는다.
연평도의 임경업 장군이 조기 신이라면 덕적군도의 망구할매는 새우
신으로 떠받칠 만하다. 그만큼 덕적군도 일대는 예로부터 조기와 새우
가 지천으로 잡히던 풍요의 땅이었다. 탄생은 비록 비참하나 그 삶은
풍요로웠던 것이다.

그런데 이 탄생 설화의 묘미는 따로 있다. 바로 생태를 파괴하는 개발 지상주의에 대한 경고다. 목멱산은 흔히 서울의 남산을 일컫는데, 풍수지리적으로 그 역할이 자못 의미심장하다. 조선이 수도 한양의 터를 정할 당시 왕도의 기틀 마련과 보전을 위하여 지세를 보았다는 것은 널리 알려진 사실이다. 백악산을 주산으로 하여 앞에 청계천이 흐르고 안산이라고 할 수 있는 남산이 있어 배산임수(背山臨水)의 전형적인 지세를 가지고 있다. 이 터가 명당이라 하여 새 왕도 건설의 터전이 되었다. 안산인 목멱산이 당당하게 주체로서 한몫을 담당한 것이다. 오늘날 남산이 빠진 서울을 상상할 수 없는데, 그 지세나 쓰임새로 보더라도 풍수의 결정이 바로 목멱산이다.

변방의 한과 설움이 담긴 망구할매 전설은 덕적군도의 탄생이 예사롭지 않음을 말해 준다. 그 쓰임새로 치자면 덕적군도는 목멱산에 뒤지지 않는다. 한반도의 지형으로 봐도 요석에 해당한다. 제자리에 있어야 역할을 할 수 있다는 생태적 관점이 여기서 나온다. 한반도의 안산이 바로 덕적군도인 것이다. 덕적군도야말로 한반도의 허파이자 생명줄이다. 덕적군도의 파괴는 곧 조화로운 공생의 아름다움을 절단하는 일과 다를 바 없다. 덕적군도의 난개발을 막아야 하는 이유가 여기에 있다.

신령스러운 영산 선갑도

덕적군도의 풍경이 뛰어나다는 것은 널리 알려져 있다. 그중에 덕적군도에서 가장 큰 무인도인 선갑도는 덕적군도에서 제1

문갑도에서 바라본 선갑도

경이라고 할 정도로 산세가 뛰어나고, 숱한 전설이 전해 내려온 섬이다.

덕적군도의 탄생 설화인 망구할매 설화도 선갑도를 무대로 펼쳐진다. 해발 351.6미터로 덕적군도에서 가장 높은 선갑산이 있고, 민어·새우 어장이 번성할 때 언리는 제1급 천연 대피항이었다.

하지만 선갑도는 비극의 섬이기도 하다. 1950년대에 미군 부대가 주둔을 위해 이곳에서 진지 공사를 했는데 뱀이 나오자 총으로 쏘아 죽인 일이 있었다. 그런데 다음 날 아침에 일어나 보니 총을 쏜 장교를 뱀이 둘둘 감아서 죽였다고 한다. 섬사람들은 말 못 하는 산짐승을 죽이면 "산지꼴 걸린다"고 하는데, 미군들이 그 짝이 난 셈이다. 죽은 뱀의 부인 뱀이 원수를 갚았다고 하는데, 결국 이 사건으로 미군 부대가 철수하게 되었다. 이 일화는 덕적군도 주민이라면 모르는 사람이 없을 정도로 유명하다.

그 일이 일어난 이듬해 봄에 나물을 하러 들어간 섬사람들의 구전에 의하면 뱀 사체에서 나온 껍질이 그대로 있었는데, 당시에 토막 낸 뱀이 얼마나 컸던지 굵기가 전봇대만 했다고 한다. 선갑도는 한때 특수 부대 훈련장이기도 했는데, 실미도 사건 이후 철수하면서 완전한 무인도가 되었다.

무인도인 선갑도는 생태 다양성을 그대로 보존하고 있다. 알 품기를 하는 누룩뱀을 비롯하여 먹구렁이 등의 서식처로 알려져 있다. 이러한 파충류 외에도 금방망이, 천남성 같은 다양한 식물군과 수리매 등의 조류가 한데 어울려 살아간다. 그야말로 섬 전체가 야생 박물관이자 자연 생태 박물관이다.

선갑도가 덕적군도의 제1경인 것은 사람의 손때가 묻지 않은 천연의 자연환경 때문만은 아니다. 산세가 웅장하고 신령스러워 오래전부터 덕적군도의 상징이자 영산(靈山)으로 모셔 왔기 때문이다.

문갑도 당산

문갑도(文甲島)는 덕적군도 외곽도로 들어가는 일번지다. 이 섬에는 덕적군도에서도 가장 아름다운 '당산(堂山)'이 있다. 400년 이상 훼손되지 않은 원시림을 간직하고 있다. 당산은 조상신이 거주하는 장소라 믿어져 왔다. 그렇기 때문에 외지인은 물론이고 마을 주민조차 출입을 금하였다. 마을 대대로 당산에서 나무를 베지 못하도록 했다. 곰솔, 상수리나무, 소사나무가 빽빽하게 들어차 울창하다. 한낮에도 하늘이 안 보여 어두컴컴하다. 그래서일까, 문갑도 당산은 덕적군도에서도 가장 신비로운 산이자 울창한 노거수로 가득한 아름다운 숲이다. 살아 있는 생명체가 우글우글할 것만 같은 산 터이다. 문갑도의 터주인 셈이다.

필자는 덕적군도의 당산 1호를 꼽으라면 문갑도 당산을 꼽는다. 봉곳이 솟은 산등성이는 자애로운 어머니의 젖을 닮았다. 살이 오른 엉덩이를 보는 것 같고 등성이의 흐름이 봉숭아를 닮은 듯 졸박(拙樸)스럽다. 산 전체가 볼수록 평온하여 성스럽고 신비롭다.

문갑도 당산은 정유재란(丁酉再亂) 때에 문갑도로 입도한 강릉(江陵) 김씨 조상이 자자손손 대동을 꿈꾸며 세거지 터주로 모신 터주 산이

다. 그 당산 아래 소박하고 순박한 아름다운 당집이 있다. 조상신을 모시며 사는 박수무당이 당산을 지키고 있다. 지금은 사라졌지만 1970년대 초까지 정월 초하루에 소를 잡아 당산에 바쳤던 마을 대동계 풍습이 있었다.

문갑도는 섬 전체가 천연림이다. 섬 사방 고랑에는 아름드리 적송인 곰솔이 빽빽하게 서 있다. 해풍을 맞으며 살아온 곰솔 숲은 그윽한 선계(仙界)의 향을 내뿜는다. 서해 섬의 특징을 보여 주는 소사나무 역시 몇 백 년을 살았는지 나이를 가늠하기 어렵다. 섬사람들은 소사나무를 '물거리나무'라고 부른다. 보리수나무의 방언인 '뗏부르나무'와 함께 섬 생태의 특징을 보여 주는 식생이다. 물거리나무는 밑동에서 뻗어 올라간 가지가 배배 꼬여 기이하고 볼품이 없으나, 그 모습이 영락없이 세상 풍파를 견뎌 온 우리네와 닮았다.

1970년 초까지만 하더라도 민어잡이와 새우잡이가 한창이었던 문갑도는 그야말로 불야성을 이루던 황금 어장이자 파시로 붐비던 곳이었다. 어화(漁火)로 밤바다에 뗏무리를 이루던 때를 기억하고 있는 섬사람들은 지금도 그때를 장광설로 토해 낸다. 문갑도 뒷면어장에서 시작해 각흘도와 장구도, 울도까지 이어진 민어잡이 어장은 1930년대 동해의 청진어장과 함께 조선 최대의 황금 어장이었다. 초저녁이면 화장(火匠)이 배에서 쌀을 씻고 장작불을 지펴 밥을 지었는데 그 연기가 마치 해무(海霧)를 연상케 할 정도였다고 하니 그 규모를 짐작할 만하다. 깊

문갑도 당집

은 밤 조업을 위해 켠 카바이드등 불빛으로 어장 일대가 대낮처럼 밝았다. 이 장면은 덕적팔경 중 하나로 꼽힐 정도로 그 풍치가 대단했다.

　문갑도에서 가장 높은 산봉우리인 깃대봉을 오르는 길은 도원향(桃源鄉)이 따로 없다. 봄날 해무(海霧)는 발아래에서 선경처럼 펼쳐진다. 섬 해안가에 형성된 갯티를 끼고 걷는 숲 속으로 해풍이 불어오고 짭조름한 냄새가 그에 묻어온다. 좀 더 깊이 들어가면 갯더덕 썩는 냄새에 천지가 진동한다. 숲은 곳곳에 이끼가 살아 있고 천연 그대로 원시의 숨소리를 토해 낸다. 산등성을 타고 숨 가쁘게 깃대봉에 오르면 '황해의 정원'이 망망(茫茫)히 펼쳐진다. 가깝게는 각흘도, 굴업도, 백아도, 울도, 선갑도가 섬섬옥수다. 덕적군도의 외곽도가 한눈에 진경으로 펼쳐진다. 덕적도, 소야도, 이작도, 승봉도 역시 지척에 보인다. 깃대봉에서 바라보는 외곽도는 가히 덕적군도 최고의 절경이다. 이 일대는 덕적군도의 탄생 설화가 태어난 곳이다. 먼 옛날 '망구할매'가 무릉을 꿈꾸며 쌓아올린 섬이 그만 무너져 이루어졌다는 군도는 그 자체가 무릉도원이다. 나의 잊히지 않는 군도(群島)다.

　섬을 섬답게 하는 것은 섬 길이다. 그중 으뜸이 '갯팃길'이다. 조석 간만의 차이로 인하여 섬 둘레를 따라 갯팃길이 형성되어 있다. 갯티는 섬사람에게 신성한 장소다. 굴과 갱, 돌김과 톳 등 먹거리를 생산하는 노동의 장소이자, 석기시대의 호흡이 살아 있는 곳이다. 이 길을 걷노라면 바다의 숨소리가 들리고, 파도에 씻긴 갯바위에서 우러나는 갯내는 시공을 초월한 겁(劫)을 생각하게 한다. 갯팃길이야말로 진정한 섬 길이다. 서해의 섬에는 이와 같이 생명을 품은 갯팃길이 있다. 물때

먹염바다

이는 소리를 비롯하여, 갯바위에서 풍겨 오는 냄새로 오감이 다 열린
다. 그 밖에도 문갑도에는 여러 갈래의 고갯길이 있다. 당너머, 하루너
머, 채나무골, 진난드렁. 이 모든 길에는 섬사람의 고된 노동이 배어
있다. 이 길을 따라가면 갯티가 나오고, 담치가 나온다. 이 길을 따라
서 풍미가 오고 계절이 온다.

섬은 봄이 늦다. 초봄은 온갖 새 소리에서 시작한다. 황해를 건너온
기진맥진한 새들의 울음소리가 천지를 깨운다. 문갑도에서만 관찰되
는 새가 100여 종에 이른다. 종의 다양성이 이처럼 살아 있는 섬도 많
지 않다. 뭍의 벚꽃이 다 질 무렵, 덕적군도의 섬들은 오히려 물거리나
무 씨눈에 물이 오르고, 섬직박구리의 혀처럼 생긴 이파리가 푸르게
돋는다. 섬벚나무 섬분꽃 등이 지천으로, 자연 화장을 한 여인의 내음
이 풍겨 온다. 봄이 오는 이맘때쯤 벙구나무 순이 오르고, 장구꽃이 피
고, 섬분꽃이 핀다. 순례의 침묵으로 길이 열려 있다. 언어를 버리고
귀를 열고 갯팃길을 따라 느리게 걷다 보면 시름도 잊는다. '황해의
정원'인 덕적군도의 힘이다.

문갑도는 검박(儉朴)한 태고의 신비를 간직한 당산과 천혜의 자연을
간직하고 있지만 앞바다에 얽힌 이야기는 비극적이다. 문갑도는 언리
와 먹염바다를 끼고 있다. 덕적도 가까운 무인도인 묵도(墨島)를 문갑
도 사람들은 '먹염'이라고 한다. 이곳은 6·25 때 섬에 살던 사회주의
자들을 수장한 곳이다. 그로 인하여 먹염바다는 한이 어린 원분의 바
다가 되었다. 시체들이 문갑도 할미염뿌리까지 떠밀려 와서 섬 주민들
이 북망산 기슭에 비석도 없이 묻어 주었다고 한다. 아직도 그때를 기

억하고 있는 노인 분들은 "죽은 구혼은 원망 말고 산 사람은 살아야 하니 그리 알라"는 말을 남기고 시신을 묻었다고 증언한다.

2부

● 조기의 신 어장업과 연평도

● 대칭도 고래와 고래 파시

● 안강망의 황금시대

- 안강망의 어항, 북리

- 북리항의 마지막 배 목수

- 태풍과 어부 조냇비

황금 어장과
안강망의 시대

섬의 노인 분들은 덕적군도 일대가 황금 어장이었다고

이구동성으로 말했다. 아닌 게 아니라 해방 이전만 해도

정식 어장은 우리나라에는 단 두 곳뿐이었다.

동해와 울도어장이었다. 흔히 연평도어장을 들지만,

울도어장은 당시 우리나라의 최대 어장이었다.

그만큼 동해와 덕적군도는 황금 어장으로 전국 각지에서

조업 배들이 모여들었다.

멀리는 일본의 나가사키, 중국 단둥(丹東)이나

산둥(山東)에서도 왔다.

조기의 신
임경업과
연평도

조기의 신

연평도(延坪島)는 조기 어장으로 유명했다. 발해→
신의주→남포→대화태어장→장산곶→대청→해주→연평→교동→
교하→마포를 잇는 황해 수로의 중간 기착지이기도 한 연평도는
1960년대 말까지만 해도 조선 제일의 조기 어장이었다. 북으로는 평
안도, 남으로는 삼남 지방 등 조선 팔도의 안강망 배들이 집결할 정도
로 이름난 황금 어장이었다. 4, 5월쯤이면 전국 각처에서 고깃배들이
5월 파송 대목을 보기 위해 모여들었다. 이때쯤 흑산도(黑山島)에서 칠
산(七山) 바다를 거쳐 덕적군도 근해, 연평도로 올라온 조기들은 온몸
이 황금빛으로 빛나고 알이 꽉 들어찬 알짜배기 참조기였다.

해주만(海州灣)과 연평도 일대는 갯골과 모래밭이 발달해 조기들의 산란지로서 최적의 요건을 갖추고 있었다. 조기잡이는 주로 소연평 서남쪽 근방에서 이루어졌다. 안강망 그물주머니인 '뽈둑'이 터질 정도로 잡혔다고 한다.

연평도 당섬 선착장 가까이 있는 안목어장은 '조기의 신' 임경업(林慶業, 1594~1646) 장군과 관련된 설화가 전해 온다. 이곳은 임경업 장군이 조기를 잡은 장소로 유명하다. 명나라에 도움을 청하기 위해 건너가는 도중에 선원들이 몰래 식수와 식량을 버린 일이 벌어졌다. 임 장군은 섬에서 가시가 달린 은가시나무인 엄나무와 '뽀르세나무'라고 불리는 뗏부르나무(보리수나무)를 구해 안목에 설치하여 조기를 잡았다. 조기로 식량을 삼고 꾸지섬 앞바다의 단물을 식수로 삼아 명나라로 갔다는 이야기다.

당시에 조선은 극심한 당쟁에 휩싸여 있었다. 1637년 병자호란의 패배로 인하여 청나라에 대한 반감이 극에 달했던 때이다. 배청 세력과 친청 세력 간의 다툼으로 당쟁이 끊이지 않았다. 임경업은 친명반청(親明反淸)에 투철한 무장으로 정묘호란과 병자호란 때 활약했으며, 청나라와 화의가 성립한 이후에는 명나라와 협력하여 청을 공격하려다 뜻을 이루지 못한 채 죽임을 당했다.

임경업이 조기의 신으로 추앙된 것은 조기를 많이 잡게 된 계기가 임 장군으로부터 시작되었다는 믿음 때문이다. 조기 신으로 추앙된 임경업 장군은 민속신앙인 무속과 결합하면서 강력한 믿음의 상징이 되었다. 연평도 당산에 있었던 사당(당섬에 있었던 사당은 불이 나서 본섬에 충렬사라는 사당을 지어 옮겼다)을 비롯하여 대청도, 소청도, 굴업도, 덕

임경업 장군을 모신 연평도 충민사(사진: 옹진군청)

적도 쑥개(북리), 문갑도, 울도 등지에 임경업 장군을 모시는 사당이
있었다. 안강망의 어항과 조기 파시가 있는 곳은 임경업 장군을 모셨
다. 영험 있고 신령한 조기 신인 임경업 장군이 지켜 준다는 믿음 때문
이었다. 조기와 풍어의 신으로 임경업 장군을 숭배한 것이다.

　임경업 장군을 모시는 섬은 풍어제를 지내고 뱃굿을 했다. 뱃굿은 배
에서 신을 맞이하여 풍어와 선원들 안전을 기원하는 굿으로 '배연신굿'
이라고 한다. 배연신굿은 조기잡이와 관련된 안강망 어항이 있는 곳인
황해도 해주, 무도(茂島), 연평도, 덕적도 북리, 문갑도 등에서 행해졌다.

매년 정월 대보름에 소를 잡아서 당산에서 당제를 지내고, 집집마다 배에 임 장군 기를 달고 고사를 지냈다. 어민들은 징과 북을 울리며 뱃고사를 지냈다. 당제나 뱃고사를 지내기 일주일 전부터 목욕재계하고 부부 관계를 삼가며 부정한 짓을 하지 않는다. 선원들은 배에서 잠을 자며 바닷물에 목욕하고 금기(禁忌)를 지킨다. 정월 보름이 지나고 첫 출어기가 되면 선장과 동사들이 당산에 올라 시루떡을 바치고 소원을 빈다. 소원은 만선과 무사 귀환이었다.

배치기 노래

연평도만큼 안강망과 관련한 섬 문화가 살아 있는 곳도 드물다. 조기 어장으로 유명세를 떨쳤던 곳이라서 뱃사람들이 즐겨 불렀던 〈배치기 노래〉와 〈노 젓는 소리〉가 아직도 남아 있다. 섬 여성들의 회한을 담은 〈나나니타령〉, 유쾌한 성적 농지거리가 일품인 〈콩알타령〉 등을 해주, 무도, 용매도(龍媒島), 연평도 일대 섬에서 즐겨 불렀다. 1999년 연평도에 갔을 때만 해도 포구에서 흔히 들을 수 있었던 것이 풍어를 기원하는 〈배치기 노래〉였다. 정월 초에 임경업 장군 기를 앞세워 사당에 올라가 절을 하고 풍어를 기원한 후, 당산에 있는 소나무 가지를 꺾어 깃대에 꽂고 배치기 노래를 부르며 선주의 집으로 와서 한바탕 떠들썩하게 놀이를 한다.

연평장군님 모셔 싣고 연평바다에 돈 실러 간다.

첫 정월부터 치는 북은 오월 파송까지 내둘러 치잔다
배임자네 아주머니 정성 덕에 연평 장원 돈 실러 간다
본당 장군님 모셔 싣고 칠산바다에 돈 실러 간다
아랫동 윗동 다 제쳐 놓고 가운데 동에서 도장원했네
연평바다에 널리 조구 양주만 남기고 다 잡아 싣자
암해 수해를 다 맞추어 노니 어더려 밖에서 두둥실 나떴다
에어흐어흐어이 에어흐어흐어이

　—조희준(연평도)

　연평도에서는 음력으로 정월 섣달 스무이렛날이 되면 조기잡이 배
를 부리는 선주 집에서 술과 음식을 먹고 북을 치면서 놀이했다. 임경
업 사당에 돼지를 잡아 고사를 지낸 다음 출어할 때 부르던 노래가
〈배치기 노래〉이다. 배치기 노래에는 고기를 퍼 싣는 소리를 비롯하여
줄 잡아당기는 소리, 어구 잡아당기는 소리, 노 젓는 소리 등이 나온
다. 다음은 조기를 잡아 놓고서 퍼 실을 때 부르는 노래다.

　고기가 났네 어
　여기가 바디지
　어야디야 조기가 난다 어야디여
　에이야 자차
　에이야
　이 바디가 누구네 바디냐

1999년 2월 1일 연평 풍어제 모습(사진: 옹진군청)

에야디야

장선장네 돈바디로다

에야디야

어거디야 어허어

다 잡았다 다 쫓아 놓고

다 잡아 싣는다

에해디야 에이 에야저차

에이 어하요

빨리 다 싣고

에해야디어

서울로 팔러 가세

에야디야

에이 어흐어어

　　　　─조희준(연평도)

연평도에서의 대화

　　　1999년 6월 연평도 포구
에서 필자가 아침 일찍 〈장부타령〉을 부르는
강신양(당시 74세) 할아버지를 만났다. 배치
기 노래에 대해 묻자, 포구에서 배 물막이 작
업을 하고 있던 조희준(당시 70세), 한명익(당

시 69세) 두 분을 소개해 주었다. 다음은 포구에서 만나 나눈 대화이다.

- **조사자**: 연평도에 실향민들이 많이 사는 것 같은데.
- **한명익, 조희준**: 많이 살아요.

- **조사자**: 예전엔 해주 땅이 지척이라서 자주 오고 갔겠어요?
- **조희준**: 연평바다에 고기를 잡으면 해주에 들어가랬어. 38선이 가로막혀서 못 들어가지.
- **한명익**: 그땐 고기 잡으면 다 해주로 갔지. 여기(연평도)보다 더 발달되었어.

- **조사자**: 당시에 진풍경이 많았겠어요?
- **조희준**: 여기서 고기 잡아서 해주에 가 얼음 채우기도 하고, 여기 연평도에 많이 저장했어요. 굴비 저장하는데, 세멘(시멘트)으로 커다란 관통을 만들어 가지고, 그러니까 탱크('독깡'이라고 한다) 만들어 갖고, 거기다 조기를 잡아넣으면 어업조합에서 나와 입찰해요. 그전엔 연평바다에 돈 실러 온다고 했지, 뭐, 고기잡이 온다고 하지 않았죠. 고기가 그렇게 많이 나니까 전국에서 돈 많이 가진 사람들, 장사하는 사람들이 미어졌어요. 상인들이 와선 여기 조합에서 계량으로 달아서 풀어 놓으면, 여자들이 나가서 조기에다 소금 염장을 해 가지고선 탱크 안에 다 넣어서 절여서, 여기가(연평도) 다 자갈밭이었는데 죄다 조기였어요.

• **한명익**: 전부 술집이었어요. 술 먹고 나서 오줌 누면 조기에다 누었어요. 그렇게 조기가 많았죠.

• **조사자**: 지금은 조기 없는 것 같아요?

• **조희준**: 이젠 배가 점점 발달되고 많아지면서 나이론(나일론) 그물이 나왔어요. 나이론 그물로 잡아 싣고, 그전에 안강망으로만 고기를 잡을 줄 알았는데, 점점 발달되면서 투망으로 그물을 길게 놓아 가지고 조그만 것까지 죄다 잡아들인 거죠. 그전엔 투망 배들이 많았시다. 그 배들이 투망을 천 발 삼천 발 물 대러 가면 그물로 걸리는 거죠. 그러니까 말할 것 없이 잡아채 가지고, 연평바다에 봄에 산란기에 연평바다에 올라오니까, 다 잡으니 올라온 씨가 없어지지. 조기 씨가, 여기까지 올라온 조기 씨가 없으니 영광 그쪽으로 흑산도에서 잡히는데, 연평바다 조기 바다라고 했는데 이젠 조기 한 마리도 없어요.

• **조사자**: 조기가 사라지자 배치기 노래도 사라졌겠네요?

• **조희준**: 맞시다. 조기가 사라지면서 배치기 노래도 다 사라졌지.

• **조사자**: 당시에 연평도 근방에서 가장 많이 불렀던 노래는?

• **조희준**: 뱃노래지, 배치기 노래지. 고기 많이 잡으면 우리 이만큼 벌었으니 웬만큼 벌었다면 됐다 하고는 거북이 모양을 짚으로 묶어 가지곤 오색 기를 달고 들어오면서 불렀던 노래지. 여기

들어오면 고사 술로 굉장했지.

- **조사자**: 그 당시 북소리나 장구 소리가 굉장했겠어요?
- **조희준**: 그럼, 고기 잡은 배는 그렇게 하고, 못 잡은 배는 북도 못 치고 쓸쓸하게 들어왔지.

- **조사자**: 당시 풍경이 어땠나요?
- **조희준**: 배가, 꽉 찼더랬지. 여기에서 당섬까지.

(조사일: 1999년 6월 11일) 📠

대청도
고래와
고래 파시

대청도 고래

    우리나라 포경(捕鯨) 역사에서 서해의 대청도를 빼놓을 수 없다. 대청도에 포경 회사가 생긴 것은 1918년이다. 일본인들이 대청도(황해도 장연군 백령면 대청도) 선진포(船津浦)에 포경 회사를 설치하고 포경 사업 기지를 만들었다. 일본이 운영하는 포경 회사가 대청도의 포경업을 독점하고 있었을 때이다.

  일본은 1905년 러일전쟁의 승리로 한반도 연안의 포경업을 독점하였다. 고래 역시 제국주의 수탈의 포획물이 된 것이다. 이로 인하여 황해, 충청, 평안도 연안에서 대청도어장까지 한반도 전역에서 러시아와 경쟁하던 일본의 포경업은 독점적 지위를 차지하게 된다. 곧이어 1909년 오사카에 본점을 둔 동양포경주식회사(東洋捕鯨株式會社)를 설립하고, 울산(蔚山), 강원도의 장전(長箭), 대흑산도, 거제도 등에 사업장을 세워 1918년에는 대청도, 1926년에는 제주도로 사업장을 확대했다.

1918년 대청도에 일본 포경 회사의 포경 기지가 설치되면서 1930년대 초반까지 서해안 포경 사업이 활기를 띠었다. 매년 초겨울에서 봄까지 5개월간 포경선 5~6척이 연간 30~40마리의 고래를 포획하였다. 가격도 20~30만 원에 달했다고 한다. 대청도는 고래를 잡는 노다지 금광으로 황금 어장이었다.

대청도 근해에서 적잖은 수의 고래를 잡았다. 주로 참고래, 대왕고래와 돌고래가 잡혔다. 지구상에서 가장 몸집이 크다는 대왕고래까지 잡혔다는 것을 볼 때, 당시 대청도 바다는 고래의 천국이었다.

일본 농림대신관방통계과의 『농업통계표』와 일본포경협회의 『포경통계부』 자료에 의하면 1926년부터 1933년까지 대청도 근해에서 포획한 참고래의 수가 370여 마리에 이른다. 대청도 고래잡이가 '고래파시(波市)'라 할 정도로 성업이었다는 것을 알 수 있다.

연도	출항 포경선 척수	포획 두수	1척당 포획 두수
1910~1919	172	2,742	15.94
1920~1929	284	1,833	6.45
1930~1934	113	867	7.67

• 1910~1934년간 한반도 근해의 포경 실적
• 박구병, 『증보판 한반도 연해 포경사(增補版 韓半島沿海捕鯨史)』, 민족문화, 1995, 295면

연도	포획 고래 수	우리나라 전체
1926	참고래 60, 돌고래 1	참고래 122, 돌고래 2
1927	참고래 45	참고래 221
1928	참고래 49, 돌고래 1	참고래 206, 돌고래 3
1929	참고래 41, 대왕고래 1, 돌고래 3	참고래 126, 대왕고래 2, 돌고래 8
1930	참고래 79, 대왕고래 3, 돌고래 3	참고래 196, 대왕고래 3, 돌고래 3
1931	참고래 40, 돌고래 1	참고래 159, 돌고래 9
1932	참고래 26, 돌고래 4	참고래 143, 돌고래 6
1933	참고래 30	참고래 164
1934	참고래 7	참고래 106
1935	참고래 9	참고래 139
1940	참고래 3	참고래 113
1942	참고래 9	참고래 163
1943	참고래 21	참고래 113
1944	참고래 13	참고래 206

- 1926~1935년 농림대신관방통계과, 『농업통계표』
- 1940~1944년, 일본포경협회, 『포경통계부』
- 단위: 마리

대청도 고래 파시

고래잡이로 대청도에 포경선이 장사진을 쳤다. 고래
파시가 열렸다. 포경선과 상선들로 선진포는 그야말로 장사진을 이루
었다. 포경장(捕鯨場)이라고 불리던 작업장이 설치되고 인양장, 해부

장, 제유장, 염장장, 오물 처리장, 냉동·냉장 시설, 기관실 등을 포함해 숙사까지 선진포구 주변에 즐비하게 들어섰다. 이른바 고래를 해부 처리하고 제품을 저장, 출하, 판매하는 작업장이 들어서고, 포경선이 계류할 수 있는 호안 제방과 선착장을 만들었다. 획득물 처리는 경육 일부와 장부(臟腑)의 대부분은 한국 내에서 판매하고 나머지는 모두 일본으로 반출하는 방식을 취했다.

고래잡이 성어기(盛漁期)인 11월부터 이듬해 4월까지 항구는 일본인과 조선인들로 북적거렸다. 부둣가에 고래 고기점이 문을 열고, 고래 고기를 안주로 하는 선술집도 성행했다. 심지어는 일본에서 온 게이샤(藝者)들도 영업을 했다. 고래를 쫓는 포경선과, 포경선원을 쫓는 상인들이 몰려 고래 파시풍(波市風)이 열린 것이다. 1920년대에 참고래 한 마리 가격이 당시 쌀 300가마와 맞먹는 거액이었다니, 그야말로 대청 고래는 '대청 드림'이 아닐 수 없었다. 넉넉한 돈은 곧 여관, 잡화상, 목욕탕, 작부나 음식, 카페, 요릿집 등으로 흘러 들어갔다.

"어른들 말씀 들어 보면 일제 말기에 선진포로 포경선이 들어오는 것을 많이 보고 고래 고기도 많이 드셨다고 그래요. 저희 어머니만 하더라도 오빠들이 고래 고기를 가져오곤 했는데, 주로 농산물하고 바꿔서 먹고 그랬나 봐요."(백광모, 대청도)

하지만 1930년대 중반부터 포경 실적이 전반적으로 감소한다. 남획으로 인해 고래 생태계가 심각한 위기에 직면하게 된 것이다. 대청도

고래 파시도 1944년을 기점으로 사라졌다. 일본의 고래 남획은 대청도 고래 씨를 말려 버렸다. 1934년 이후 대흑산도, 어청도까지 진출해서 싹쓸이 남획을 해 서해에서 고래를 보기 힘들게 되었다.

  1911년부터 1944년까지 우리나라 근해에서 포획한 고래의 종류와 포획량을 보면 참고래 5천114마리, 귀신고래 1천304마리, 혹등고래 128마리, 대왕고래 20마리, 향고래 5마리, 정어리고래 4마리, 긴수염고래 1마리 등 6천576마리의 고래가 남획되었다. 일제가 패망하기 직전인 1944년까지 이루어진 고래의 남획으로 결국 서해안을 회유하던 고래의 씨는 말라 버렸다.

안강망의
황금시대

안강망의 전래와 전성기

갯골이 발달한 서해안에서는 안강망 어업이 성했다.
칠산바다, 경기만 일대, 황해도 해주, 연평도 일대 등지에서 발달했던
조기 어업은 1960년대 말까지 안강망 어업의 전성기를 열었다. 안강
망 어업은 빠른 조류와 얕은 수심을 이용해서 조업하는 일종의 정치망
(定置網) 어업이다. 그런 조건을 가장 잘 갖춘 서해안에서 1980년대 말
까지 주류를 차지했던 어법(漁法)이었다.

안강망 어업은 일본으로부터 건너와 전파되었다. 우리나라 서해안
의 어장 조건이 안강망 어업에 적합했기 때문이다. 우리나라에서 안강
망 어업은 1899년 일본의 나가사키(長崎) 지방 어민이 우리나라 목포,
전북, 충남 연안 일대에서 조업하면서 처음으로 시작되었다.

1900년 초기에는 주로 목포, 위도, 연평도 등지에서 조업하였으며, 우리나라의 서해안 연안에 풍부한 어족이 있다는 사실이 알려지면서 일본 안강망 어선들이 진출하기 시작했다. 연평도에는 1902년 나가사키에서 온 어부들의 안강망 어선이 출어했으며, 이때부터 본격적으로 연평도를 비롯하여 인천 연안으로 일본인들의 안강망 어선이 진출하기 시작했다. 물론 그 전에도 우리나라에는 안강망과 유사한 중선망(中船網)이 있었다. 하지만 일정한 곳에 설치했던 중선망은 기동력이 좋은 안강망 어선이 들어오면서 쇠퇴하기에 이르렀다.

안강망은 사리 때처럼 조류가 빠른 곳에 어구(漁具)가 밀려가지 않게 닻으로 고정해 놓고 물고기가 조류에 떠밀려 어구 속으로 들어가도록 하여 잡는 어법이다. 어구는 아귀의 입처럼 크게 벌어진 형상으로 입

구가 넓고, '뿔둑'이라고 부르는 꼬리 쪽은 자루 모양을 하고 있다. 선원들은 고기가 많이 잡히면 흥이 나 "뿔둑 터진다"고 말한다.

초기 안강망은 우리나라 나무로 만든 무동력 중선배로 조업을 하다가, 1920년대에 들어와서 기동성이 뛰어난 '뾰족선'이라 불린 나가사키 모형의 무동력 안강망 어선으로 점차 교체되었다. 이때만 해도 10톤 미만의 무동력선으로 1통(統)의 어구를 사용해서 성어기에 조업하는 소규모 어업이 대부분이었다.

1960년대에 들어와서 무동력 목조 안강망 어선에 동력이 탑재되면서 원거리 조업이 가능해졌다. 1968년에 인천에서 최초로 철선(鐵船)을 건조하면서 안강망 어선은 철선 시대로 접어들었다. 이 시기에 동지나해 어장 등을 개척하면서 원거리 안강망 어선의 전성기를 맞는다.

1970년대에 들어와 목선이었던 안강망 어선도 대부분 철선으로 교체되면서 40톤에서 90톤 규모로 대형화했고, 한 척당 4통 내지 5통의 그물을 적재하여 동중국인 동지나해까지 가서 조업하기에 이르렀다. 선원도 선장 이하 기관장, 갑판장, 항해사, 화장 등 8~12명이 승선했다. 조업 주기는 사릿물을 주기로 15일 정도였다. 어항을 떠나서 어장까지 가는 데 3일, 닻을 내리고 그물을 내려서 7일 정도 조업하고 다시 귀항하는 방식으로 이루어졌다.

황금 어장의 시대

인천 앞바다인 덕적군도를 비롯하여 경기만 일대는

예로부터 황금 어장으로 이름이 높았다. 이름난 어장으로는 울도 근방의 뱅이어장, 문갑도 뒷면어장, 굴업도 새우산어장, 장구도어장, 덕적도 용담어장, 북리 앞바다 '풀치'라고 불리는 초지도어장, 장봉도와 석모도, 주문도 사이의 만도리어장 등이 있었으며, 조기로 유명한 황해도 해주 권역의 연평도어장까지 포함하면 그야말로 인천 섬 지역은 황금 어장이었다. 이들 어장에서는 안강망 어법으로 고기를 잡았다. 갯고랑이 발달한 경기만 일대는 수심이 40~50미터로 조기, 민어, 새우, 실치, 뱅어, 병어 등이 살기에 최적의 조건을 갖추고 있었고, 그에 맞추어 자연 조류를 이용해서 물고기를 잡는 안강망 어업이 발달했다. 이로 인하여 연평도, 굴업도, 문갑도, 덕적도 북리항이 경향 각지에서 몰려든 안강망 어선들로 북적거렸다.

섬의 노인 분들은 덕적군도 일대가 황금 어장이었다고 이구동성으로 말했다. 아닌 게 아니라 해방 이전만 해도 정식 어장은 우리나라에는 단 두 곳뿐이었다. 동해와 울도어장이었다. 흔히 연평도어장을 들지만, 울도어장은 당시 우리나라의 최대 어장이었다. 그만큼 동해와 덕적군도는 황금 어장으로 전국 각지에서 조업 배들이 모여들었다. 멀리는 일본의 나가사키, 중국 단둥(丹東)이나 산둥(山東)에서도 왔다.

덕적군도 울도 근방의 뱅이어장에는 새우와 민어가 지천이었다. 갯고랑이 발달해 새우와 민어의 먹이가 풍부한 이 어장에는 "물 반 고기 반"이라 할 만큼 물고기가 많아서 갈고리로 고기를 퍼 올렸다고 한다.

앞에서 보았듯이, 덕적군도의 팔경에 '울도어화(漁火)'가 있다. 저녁이 가까워지면 배에서 화장이 밥을 짓느라 이물에서 나무 장작을 이용

1930년대 인천 근해 조기, 민어 어획량

어종	1932년	1933년	1934년	1935년	1936년	1937년	1938년	1939년
조기	115,624	74,400	106,270	97,370	120,083	117,300	154,905	293,220
민어	60,790	41,020	37,070	40,650	84,852	128,868	90,066	107,905

• 출처: 1932~1939년 인천상공회의소『통계연보』·『월보』,『옹진군지』상, 311면
• 단위: 관(貫)

1930년대 인천 근해 새우젓의 연도별 어획량과 금액

어종	구분	1936년	1937년	1938년	1939년	1940년
새우젓	어획량(貫)	322,200	635,110	746,310	781,300	1,030,590
	금액(円)	85,647	113,155	189,499	278,589	530,605

• 출처: 1936~1940년 인천상공회의소『통계연보』·『월보』,『옹진군지』상, 319면

해 불을 지펴서 밥을 하는 장면으로, 연기가 모락모락 피어오르는 모
습이 장관이었다. 배들이 뿜어내는 등유 불빛으로 울도는 불야성을 이
루었다.

1931년 만주사변 이후 일제의 탄압이 혹독해질 무렵부터 1950년대
까지, 황해도 연안 및 경기만 일대는 건하장(乾蝦場) 황금시대를 만나
고 있었다. 이 시기는 덕적군도 경제의 황금시대였다. 인천을 무대로
경기만 일대의 어장들은 활기가 넘쳤다. 울도, 장고도, 지도, 굴업도,
문갑도 등이 건하 어장(乾蝦漁場)으로 붐볐다. 바닷가는 모두 새우를
말리는 건어장이 되었다. 이곳에서 생산된 말린 새우는 덕적도를 중심
으로 중국의 칭다오(靑島), 상하이(上海), 다롄(大連) 등지까지 팔려 나
갔다.

덕적군도 어장

덕적군도에서 안강망 조업이 본격적으로 시작된 것은 1910년대이다. 이른바 뱃사람들에게 '뾰족배', '일중선(日中船)'으로 불린 '나가사키 배'가 도입되면서 본격적으로 안강망 조업법이 발달하게 된다. 당시에는 덕적군도 전체가 황금 어장이었다. 민어, 조기, 새우가 지천이었다. 연평도에서 조기가 많이 잡혔다면, 민어와 새우는 덕적군도 인근 어장에서 잡혔다. 조기는 4월 초순 울도 근해에 어선들이 운집하기 시작하여, 연평도 청골에서 5월 파송을 했다.

새우는 문갑도 '뒷면'이라는 곳에서 많이 잡혔다. '뒷면어장'이라고 불리는 곳에서 새우가 그야말로 무진장 잡혔다. 그로 인하여 문갑도를 비롯하여 백아도, 울도 등지에 '독깡'이라는 새우 건어장이 만들어졌다. 해변에 새우를 찌는 시설을 갖추고, 길목마다 가마때기를 깔고 새우를 말렸다. 추젓용 새우잡이는 각흘도 근방에서 시작해 울도 근해 방우리라고 불리던 뱅이어장에서 끝났다. 추젓에서 동백하까지 계절을 불문하고 어로작업이 이루어졌다.

이처럼 덕적군도 일대가 건어(乾魚) 어장으로 크게 번성하고 조기, 민어, 새우 등이 물밀듯이 잡힌다는 말에 전국 각처에서 배들이 몰려들자, 자연스레 섬마다 피항지와 작사(作詐)가 만들어졌다. 오늘날과 달리 인공적인 피항 부두가 많지 않다 보니 자연항이 많았다. 무인도인 선갑도는 최대의 피항지였다. '언리' 해변은 양안의 곶을 중심으로 큰 골이 형성되어 있어 바람이 불면 배들이 피항하기 좋았다. 이 한적

덕적군도 근해의 주요 어장과 어종

시기 구분	어장	어종	비고
4. 17.~4. 30.	방우리	조기, 기타	울도 근해, 어선 운집 시작
4. 27.~5. 3.	청골	조기	굴업도 북동쪽 근방, 조기가 연평에 가는 길목
4. 27.~5. 3.	연평 청골	조기	덕적도 근해
4. 17.~6. 20.	문갑 뒷면	새우, 기타	덕적도 용담, 문갑도 뒷면, 굴업도 근해
6. 20.~7. 1.	소야도 근해	새우	덕적도 근해
6. 20.~8. 30.	청골	조기, 갈치, 민어, 병어, 기타	굴업도 북동쪽 근해
6. 20.~8. 30.	방우리	갈치, 조기	울도 근해
7. 8.~8. 20.	굴업	민어	굴업도 새우산 근방
7. 8.~8. 30.	반도골	민어	선갑도, 지도, 장구도 근해
9. 1.~12. 31.	선갑, 문갑 뒷면, 울도	새우	선갑, 문갑 북동쪽, 각흘도, 울도 근해

• 출처: 김광현, 『덕적도사』, 130면

한 해안에 태풍을 피한 배들이 가득했던 것이다. 그뿐 아니라 울도, 문갑도, 백아도, 덕적 벗개나 쑥개(북리) 등도 피항지였다. 피항지란 곧 작사가 흥성했던 곳을 의미한다. 땔감이나 물을 얻기 위해서, 혹은 태풍 등을 피해서 배들이 찾아든 곳으로 작사들이 몰려들기 시작했다. 작사(作詐)는 '갑자기 생기다'를 뜻하는 말로, 전국 각지에서 돈을 좇아 사람들이 몰려들면서 없던 것이 생기는 것을 가리킨다.

해변마다 임시 숙소가 만들어지고, 술집이 차려졌다. 새우잡이가 한 창일 때에는 '독깡'이라는 새우 찌는 시설이 들어섰다. 비바람을 겨우 면하게 지은 쪽방은 노랫소리가 낭자하고 밥상을 때리는 젓가락 소리로 흥성거렸다. 술을 거나하게 마신 뱃사람들은 독깡 주변이나 해변에 널브러져 잠을 잤다. 취기에 행패를 부리기도 했다. 작사의 폐해가 커지자 섬 주민들이 나서서 술을 팔지 못하게 했다.

지금이야 흔적도 없지만 한때 이곳 섬들은 작사들로 흥성했다. 판자

1950년대 말 덕적군도 어선 보유 현황

구분	진1리		진2리		북리		서포1리		서포2리		소야도	
	척수	톤수	척수	톤수	척수	톤수	척수	톤수	척수	톤수	척수	톤수
1957	13	21.311	13	93.76	51	655.86	23	289.11	16	153.15	20	242.18
1958	13	21.311	13	93.76	54	708.36	20	236.61	15	136.85	20	242.18
1959	12	200.11	8	63.16	59	749.36	19	217.41	13	100.35	19	207.18
1960	12	200.11	8	63.16	59	749.36	19	217.41	13	100.35	19	207.18

구분	승봉도		문갑도		백아도		울도		계	
	척수	톤수	척수	톤수	척수	톤수	척수	톤수	척수	톤수
1957	14	155.94	18	206.08	11	118.90	10	67.51	189	2225.60
1958	12	161.04	20	222.78	13	133.70	10	67.51	190	2215.90
1959	9	98.44	22	239.28	15	149.30	11	71.61	187	2045.60
1960	9	98.44	22	239.28	15	149.30	11	71.61	187	2097.60

• 출처: 김광현, 『덕적도사』, 129면

로 얼기설기 만든 임시 집과 막사들이 남아 있을 리 없다. 다만, 지금도 섬 주민들은 작사들이 모여 있던 해변을 기억하고 있다. 굴업도는 동면과 서면 사이 해변, 울도는 새마을, 문갑도는 언리 해변과 한월리 해변, 덕적도는 쑥개 해변 등이 작사가 있었던 곳이다.

작사는 보통 한 집에 4~6명 정도로 구성되었다. 해변마다 많게는 100여 개의 작사가 몰렸다고 하니 그 규모가 짐작이 간다. 섬 주민들은 작사들을 "뱃사람들의 등골을 빼먹는 귀신"이라고 기억하고 있었다.

지금도 울도나 문갑도, 굴업도, 백아도 등에 가면 이구동성으로 하는 말이 있다. "술은 팔지 않아요." 술에 이골이 나서인지, 이곳 섬마을에는 예로부터 술 파는 가게도 술집도 없다. 주민이 스스로 '금주령(禁酒令)'을 내린 것이다. 지금도 이 전통은 각 섬의 전통으로 지켜지고 있다. 술 때문에 섬 주민이 얼마나 고생했는지 알 만하다. "이골이 나다"는 칼바람을 맞으며 뱃일을 하는 사람들이 골이 팰 정도로 고생한다는 의미를 담고 있다.

나가사키에서 온 뾰족배

벗개 근방 '용담'과 북리 앞바다 '풀치어장'에서 민어가 잡힌다는 소문이 일본, 중국까지 돌았다. '뾰족배'라 불리는 일본식 어선인 '나가사키(長崎)'가 덕적군도에 출몰한 것도 그때 일이다. 당시에는 주로 풍력 배에 의존해 무동력 조업을 했는데, 나가사키가 출몰하자 그 빠르고 큰 배를 보고 뱃사람들은 혀를 찼다. 바다에서 기동력은 곧 어획량이다. 그전 배들로서는 날렵하고 어창까지 획기적으로 갖춘 신형 나가사키 배를 따라잡을 수가 없었다.

당시 조선 배는 풍선(風船), 곧 돛단배였다. 가까운 바다에서는 노를 젓는 '뗏마'인 전마선을 이용했다. 이들 배들의 조업과 운항은 바람에 의해 결정된다. 무풍일 때 풍선은 망망대해에서 무용지물이었다. 바람이 불 때까지 주야장천 기다려야 했다. 태풍이라도 불면 죽음이었다. 뱃사람들의 운명은 바람에서 시작해서 바람으로 끝나는 것이다. 그만큼 항해에 절대적인 영향을 미친 것이 바람이었다. 모든 것을 운명에 맡겨야 했다. 유능한 선장은 바로 바람과 물때, 그리고 갯골이라는 지리에 익숙하고 경험이 많은 자를 의미한다. 선주들이 유능한 선장을 모시기 위해 연봉과 선원 선발 등 모든 권한을 위임한 것도 그 때문이었다. 책임 선장은 선단을 대표하여 선장 선임권과 연봉 협상에 대한 전권을 가질 수 있었다.

나가사키 배를 처음 도입한 것은 덕적도 북리 선주들이었다. 뱃머리인 이물을 '묘시'라고 하는데, 그 묘시가 뾰족하게 치켜 올라간 나가사키 배를 뾰족배라 불렀다. 검게 칠하고 눈알까지 그려 넣어 치장한 용두는 멀리서 보면 마치 두루미의 주둥이 같았다. 선창이나 기관실이나 이물 쪽에 선실이 따로 있어서 전천후 조업이 가능했다.

조기잡이와 민어잡이로 돈을 번 선주들이 너나없이 나가사키 배를 따라 배를 짓기 시작했다. 1910년 이후 일본 나가사키에 가서 어선을 직접 건조해 오는 선주도 있었고, 일본인 도목수에게서 조선 기술을 배우는 사람도 많았다. 원시적인 조업법에 의존하던 당시에 나가사키

연평도 조기 파시(사진: 옹진군청)

배의 출현은 근대식 조업법의 시발점이 되었다. '삿대'라는 노를 이용
한 어법은 서서히 막을 내렸다.

'안강망 어선'으로도 불리는 나가사키 배의 출현은 본격적인 안강망
어법의 시작을 의미했다. 선원은 배마다 선장을 포함하여 8~9명 정도

가 승선했다. 1930년대에 접어들면서 나가사키 식으로 지은 '일중선(日中船)'이 안강망 배의 표준이 되었다. 성어기가 되면 전국에서 수천 척의 어선들이 서해 어장을 따라 이동을 했다.

나가사키 배는 범선이었다가 1950년 이후에 동력을 탑재하면서 동력 어선으로 기계화되었다. 기계에도 나가사키 야마라는 2기통 엔진을 장착했다. 이때부터 북리항과 화수부두가 번창하기 시작했다.

안강망의 황금 시절

1937년에는 조업하는 어선 수가 6천802척에 달할 정도로 안강망은 황해에서 황금 알을 낳은 어법으로 자리 잡았다. 처음에는 일본인 어선이 많았지만 1940년에 이르러서는 우리나라 어민이 주도하게 되었다. 안강망 어법이 널리 보급되고 일본인들이 수익성이 높은 부문으로 이동한 데다, 영세한 자본과 값싼 노동력으로 경영이 가능했기 때문이다.

안강망의 활황은 항구도시의 흥성으로 나타났다. 1960년대 이전만 하더라도 연평도, 굴업도, 덕적도 북리 등이 안강망 어항으로 이름을 떨치던 곳이었다. 연평도, 굴업도, 북리 파시 등이 당시에 알려진 민어·조기 파시 어장이었다. 전국에서 객주집과 작사집이 모여들었다. 흑산도에서 칠산바다를 거쳐서 연평도에 이르는 조기의 회유를 따라 본격적으로 조기 철이 오면 연평도와 굴업도, 북리항은 전국에서 몰려온 사람들과 뱃사람들로 북적거렸다.

하지만 1968년 무렵 연평도어장 등에서 조기가 거짓말처럼 사라졌다. 그러자 1960년대 후반에 들어와 이곳 어장들도 자연스럽게 폐항의 길로 접어들었다.

1960년대 말 동지나해로 알려진 동중국해 어장이 개발되자 인천, 군산, 목포, 마산 등지에 새로운 안강망 어항이 형성되었다. 보름(15일)을 주기로 조업하는 특성상, 얼음에 재운 신선한 물고기를 소비자에게 공급하기 위해 이동 거리가 짧은 항로를 선호한 것이다.

1950년대까지만 해도 대흑산도에서 칠산바다, 연평도에 이르는 서해 연안이 중심 어장이었지만, 1960년대 중반부터 1970년대에 걸쳐서는 연평도어장이 폐쇄되고 제주도 주변 및 동중국해 지역으로 어장이 이동했다. 잦은 월경 및 납북 어민 문제도 연평도어장이 폐쇄되는 이유가 되었다. 그로 인하여 어획량이 감소하자 안강망 어선들은 중국 양자강 하류인 동중국해 어장까지 원거리 출어를 하게 되었다.

동중국해 어장이 개발되고 목선이 철선으로 바뀌기 시작하면서 인천항은 안강망 어업의 전진기지로 이름을 날리기 시작했다. 1970년대 중반 하인천항에서 연안부두로 안강망 어항이 이전하면서, 당시 연안부두에만 안강망 어선이 250여 척이 넘게 있었다. 선주별로 책임 선장이 있어 6~12척의 안강망 선단을 이끌었다.

1980년의 경우, 근해 안강망 어업의 어선 수만 하더라도 1천127척에 어획량은 22만 7천 톤으로 안강망 1척당 201톤의 어획고를 올렸다.

1980년대 근해 안강망의 주요 어종은 말쥐치, 오징어, 갈치, 강달이, 참조기, 백조기류, 병어, 새우, 게, 아귀 등이었다. 어획량이 가장 많은

어종은 갈치였다. 그다음으로 1980년대 중반까지는 오징어, 말쥐치, 참조기, 백조기류가 뒤를 잇다가 1980년대 말부터는 말쥐치의 어획량이 감소하고 참조기, 백조기 등 조기류와 병어, 새우, 게 등이 잡혔다.

1970~1980년대에 근해에서 많이 잡혔던 갈치, 조기, 병어는 씨알이 굵고 때깔이 좋은 데다 값이 싸서 흔하게 밥상에 올랐다. 석쇠에 얹어 연탄불로 갓 구워 내온 씨알 굵은 은갈치를 밥상에서 쉽게 만날 수 있던 시절이었다.

안강망 어업의 쇠퇴

1960년대 후반에 들어서 안강망 어업의 주 어장은 동중국해, 황해로 이동했다. 하지만 이 또한 그리 오래가지는 못했다. 일본, 중국 등과 경쟁이 본격화하면서 어획량이 줄어든 데다 선단 경영의 적자, 선원 부족 등으로 인하여 안강망은 1980년대 중반 무렵에 쇠퇴의 길로 접어들었다. 1990년대부터 수산물 수입이 자유화하면서 동중국해 및 황해에서 조업하던 근해 안강망 어업이 크게 영향을 받게 됨에 따라 안강망은 설 자리가 더욱 좁아졌다.

그 사이 중국에서는 1980년 이후 개방정책에 힘입어 어선 수가 늘어나고, 어선의 동력화와 대형화에 힘입어 우리나라 수역 내에서 조업을 확대했다. 그에 따라 어획 경쟁이 격화되고, 1990년대에 들어와 중국 어선들의 우리나라 영해 침범이 크게 늘어 1994년 337건, 1995년 473건, 1996년은 1천63건으로 급증하였다. 또한 1991년부터 중국산 수산물 수입이 본격화하면서 국내 어업을 압박하는 요인이 되었다. 이런 요인들이 겹쳐 1990년대부터는 어획량이 감소하고 경영 압박이 가중되면서 근해 안강망 어업이 점차 위축되고, 안강망 어업의 구조 조정 및 감선(減船)이 추진되었다. 감선 계획에 따라, 근해 안강망 어선은 1994년부터 2001년까지 415척이 줄었다.

안강망 어업의 쇠퇴는 인천 부두 경제의 쇠퇴로 이어졌다. 안강망 어선의 구조 조정으로 화수부두, 북성부두, 연안부두 등이 활기를 잃었다. 특히 안강망의 전진기지로 명성을 떨쳤던 연안부두가 가장 큰 타격을 입었다. 그물, 닻 등 배 관련 용품 등을 파는 선구업(船具業)은 물론이고, 안강망에 들어가는 부식 등의 거래와 선원 가족들의 소비도 자연스럽게 그 영향을 받았다.

인천의 중앙시장은 1960~1970년대에 북리항에서 먹여 살렸다고 해도 과언이 아니다. 하인천 부두에 인접해 있어 안강망 배에 들어가는 각종 부식 구입은 물론이고, 선원 가족들의 소비도 주로 중앙시장, 현대시장, 용현시장, 신기시장 등에서 이루어졌다. 안강망의 흥망은 곧바로 이들 시장의 흥망성쇠에 영향을 미쳤던 것이다.

안강망의
어항,
북리

'작은 인천' 북리

　　　　　안강망이 전성기였던 시절 덕적도 북리는 '작은 인천'이었다. 요즘으로 말하자면 문화의 중심지였다. 인천의 판박이라고 해도 될 정도로 없는 게 없었다. 북리가 그렇게 작은 인천으로 불릴 만큼 안강망 어장이 컸다. 덕적도 근방에 있는 사사구어장, 굴업 새우산 근방 등 민어의 황금 어장이 지천으로 있었다. 멀리 연평어장은 물론이고, 덕적도 인근 어장인 뱅이어장, 용대미, 굴업, 각흘도 등지에 민어가 풍부했다. 자연 파시가 열리고 임시로 해변에 파시촌이 들어섰다.
　　작은쑥개와 큰쑥개의 가파른 민둥산 아래 집들이 다닥다닥 붙어 있었다. 야외극장이 들어서고 약방, 다방, 공중목욕탕, 요릿집, 사진관, 선구점 등이 생겼다. 상점은 문전성시 성업이었다. 그야말로 북새통이

따로 없었다. 땜장이, 약장수, 기생을 비롯하여 없는 것 없이 다 있었
던 시절이었다. 외지에서 배를 타기 위해 들어온 선원하며 경향 각지
에서 돈 냄새를 맡고 온 상인들로 방 구하기도 어려웠다. 도시에만 주
택난이 심했던 것이 아니라, 북리야말로 방 하나 구하기가 어려웠을
정도로 사람들로 북적였다. 해방 무렵만 해도 작은 북리항에만 유동
인구가 얼추 2만여 명에 이르렀다. 돈을 벌기 위해 전국 각지에서 고
깃배와 선원이 몰렸던 것이다.

　비탈진 좁은 항구엔 집이 빼곡히 들어차 처마에 가려 하늘이 보이지
않을 정도였다. 배들이 들어오는 조금에는 그야말로 북리는 불야성이
요, 대목이었다. 서커스단은 물론이고 야외극장이 설치되고, 머리가
둘 달린 뱀이 들어 있다는 마대 자루를 내보이며 약장수가 활개를 쳤

다. 차력사가 바닷가에서 주워 온 돌을 당수로 산산조각을 냈다. 이마로 구들장을 격파했다. 입으로 불을 뿜어 댔다. 고약이며 호랑이의 뼈와 기름으로 만들어 신경통에 효험이 있다는 연고가 불티나게 팔렸다. 집집마다 '빨간약'이라 부르며 소독약으로 썼던 '아까징끼(あかチン, 머큐로크롬)'와 만병통치약인 '호랑이연고'가 없는 집이 없을 정도였다. 타박상이나 류머티즘 통증 등에 즉효라 했다. 머리가 아플 때 관자놀이에 발라 주면 신기하게도 아픈 부위가 시원해졌다. 가정상비약으로도 그만 한 것이 없었다.

쑥개가 안강망의 어항이 된 것은 한국전쟁 이후 황해도 피난민들이 본격적으로 모여들면서부터다. 전쟁이 끝난 후에 고향으로 돌아갈 심사로 북리에 임시 거처를 만들었던 것이다. 대개는 해주 등지에서 온 터라 생업이 안강망이었다.

"당시 북리는 작은 인천이었어."

지금도 북리에서 만나는 주민들이 이구동성으로 하는 말이다. 1950년대 조기와 민어 파시로 인해 북리항은 안강망 어선으로 가득했다. 1960년대는 안강망의 전성시대였다. 그로 인하여 풍어와 무사 귀환을 바라는 뱃굿이 많았다.

뱃굿은 주로 황해도 해주, 무도, 용우도 등지에서 온 만신에 의해 시연되었다. 만신의 경우 안강망과 밀접한 관련을 맺었기 때문에 북리에 황해도 만신들이 많았다. 이들은 뱃고사는 물론이고 배연신굿, 대동굿을 하며 안녕과 풍어를 기원했다. 황해도 굿은 남해 굿과 다르게 4일 밤낮을 했다. 돼지 피를 뿌리고 삼지창에 돼지를 꽂아 액운을 달랬다.

"민어 천지, 돈 천지"

"덕적도 가까운 강화 쪽 풀치라는 섬이 있는데 민어가 엄청 잡혔어. 목선 배가 잘랑잘랑할 정도로 가득 잡혔지."(김재근, 안강망 기관장)

민어를 잡으면 그물째 덕적도 쑥개인 북리항으로 들어왔다. 동네 아주머니들이 모두 나와서 그물에서 민어를 꺼내 손질했다. 잡은 고기를 풀고 나면 다음 조업을 위해 배를 수리했다. 그렇게 모인 안강망 배들로 북리항이 흥청망청, 골목마다 뱃사람, 장사꾼 등으로 북적였다. 당시 북리항은 민어 철이 되면 "민어 천지, 돈 천지"라고 할 정도로 벌이가 좋았다.

"그 당시에 쑥개에, 밴딱지라고도 하는데 비탈진 데야, 아주 기어 들어가고 기어 나오고 겨우 방 하나 부엌 하나 이렇게 해서 살고, 고 밑에 얕은 데로는 좀 있는 사람이 살고, 그때 피난민들 중에는 잘사는 사람들이 있었거든. 불이 났는데, 불나 가지고 다 내버리고 도라무(드럼통)만 꺼내라, 도라무. 도라무에 돈이 이빠이(가득) 들어 있었어. 기름 드럼통 거기다가 전부 돈을 담아 놓은 거야. 다 버리고 도라무만 내놔라 그랬지."(김재근, 안강망 기관장)

민어잡이로 주머니가 두둑하자 선원들은 색싯집에서 밤새도록 술을

북리의 삼신할매 샘물

　마셨다. 조기 철에는 연평도로 가고, 민어 철에는 덕적도 북리항 작사에서 살다시피 했다.

　조금 때면 북리항에는 전라도 배, 충청 배 등 400여 척의 안강망 어선이 작은쑥개에서 큰쑥개까지 들어찼었다. 전국 각지에서 안강망 선원이 되기 위해 찾아왔다. 선원으로 취업하면 선수금으로 쌀 4, 5가마니를 받고 4·6제로 수확량에 따라 보수도 받을 수 있었다. 선장은 두

짓, 기관장은 짓 반, 나머지는 한 짓씩 나누었다.

당시에는 연평도에 조기 어장이 크고 민어까지 잡히던 시절이라 돈벼락을 맞을 정도였다. 선원들은 흥청망청 돈을 길바닥에 뿌렸다. 선원과 선주 간에 3·7제였지만 그래도 선원들은 선수금 조로 목돈을 쥐었다. 하지만 고된 일에 비해 수중에 들어오는 돈이 없자 선원들이 항의해 일제 때부터 내려오던 3·7제가 4·6제로 바뀌었다.

출어를 시작하는 섣달그믐이 되면 북리항 안강망 어선들은 오색 기를 꽂고 출어 준비를 했다. 선주와 선장은 목욕재계를 했다. 뱃사람들에게 북리항 삼신할매 샘물은 효험 있기로 이름이 났다. 정한수로 쓰일 제일 신선하고 깨끗한 물로 모셨다. 지극정성을 다할 때에는 목욕재계하고 삼신할매 샘물을 떠서 비나리를 했다. 선주들은 만신을 불러다가 뱃고사를 지냈다. 배연신굿을 하는 만신이 많은 터라 출어 때면 사방이 꽹과리, 징 소리로 가득했다. 만선을 기원하는 뱃고사 날이면 온 동네가 들썩였다.

북리항의
마지막
배 목수

북리 안강망 배 목수

　　북리항 안강망 배 목수 강명선(73세) 씨가 배를 짓게
된 데에는 황해도 해주에서 온 고모부의 영향이 컸다. 도목수인 고모
부는 해주에서 이름난 공장의 공장장으로 있었다. 강 씨는 북리로 피
난 온 고모부에게 안강망 배를 짓는 목수 기술을 배웠다.

　강명선 목수의 고향은 원래는 북리가 아니다. 태어나기는 황해도 옹
진군 봉구면 평양리 육도에서 태어났다. 6·25전쟁이 일어나 충청도
태안반도 앞 원산도로 피난을 갔다가 다시 북리 큰쑥개로 왔다. 그때
가 열한 살이었다. 이후 열여덟 살 때 도목수인 고모부 밑으로 들어가
서 목수 일을 배웠다. 1957년경이니 북리에만 50여 척의 안강망 배가
있던 시절이었다.

"그때에는 큰쑥개 작은쑥개 할 것 없이 중선배로 가득했어요. 다 연평도로 조기잡이 가는 안강망 배죠. 배다리라고 배에 길이 생길 정도로 많았어요. 선창에서 물이 나가면 배 그슬린다고 해요. 배가 오랫동안 어로작업을 하면, 배 밑창에 '소'라고 해충이 있어요, 그 해충이 배 밑바닥을 잡아먹죠. 나중에는 배 밑창에 구멍이 나요. 그 래서 사리 물 보고 조금 때 배들이 한갓질 때 선창에 배를 대고 다들 배 밑창을 불로 그슬리거나, 수리했죠."

안강망 배 조선소만 북리에 세 군데가 있었다. 목수들은 주로 황해 도에서 피난 온 목수들이었다. 북리에만 8명의 목수가 있었고, 인근의 소야도, 문갑도, 덕적도 벗개, 서포리, 진리까지 포함하면 안강망 배 목수 30여 명 정도가 활동했다.

배는 도목수 아래서 6, 7명이 조를 짜서 일 년에 두 척을 건조했다. 한 척을 건조하는 데 걸리는 시간은 빠르면 두 달, 늦으면 석 달이었다.

안강망 배에는 주로 스기(杉, 삼)나무, 아비통(apitong), 춘양목(春陽 木)이 쓰였다. 스기나무는 일본에서, 아비통은 인도네시아에서 수입해 썼고, 춘양목만이 국산이었다. 스기나무는 부드럽고 단단하고 질긴 성 질을 가지고 있었다. 게다가 반발력이 있어서 충격 흡수가 잘되고 해 수(海水)에 강해서 배를 짓는 데 최고의 목재로 쳤다. 그러다 보니 나 무를 귀하게 다루었다.

"야, 너희들, 이거 어떤 나무인 줄 아냐? 물 건너온 것을 마구 자르고 소비하면 되냐?"고 꾸지람을 하면서 나무 하나 함부로 다루지 못하게

배짓기 연장들

했다. 그만큼 배 목수는 나무를 소중하게 다룰 줄 알아야 한다고 했다.

작은 것에 고마워할 줄 알아야 한다고 했다. 나무 동강 하나도 언젠가

쓸모가 있다고 했다.

배를 건조할 때 도목수의 지시는 절대적이었다. 배에 부자리를 붙일 때 폭이 한 자 반, 두 자까지 넓기 때문에 목수 6, 7명이 달라붙어 작업을 했다. 자리가 안 맞으면 돌려서 자리가 맞을 때까지 하는 작업은 무척 어렵고 고되었지만 누구 하나 내색을 하지 않았다. 그만큼 목수들은 도목수에게 절대적으로 순종했다.

배의 멋은 묘시

목수들은 배를 '짓는다'고 한다. 배를 지을 때 가장 먼저 하는 일은 아비통 나무로 밑창을 까는 것이다. 그다음으로 스크루(screw) 놓는 자리를 잡고, 이어서 방풍과 묘시를 세운다. 배의 격벽인 방풍은 크기에 따라 다르지만 6개 정도를 삼나무인 스기나무로 세웠다. 방풍을 세운 다음 부자리를 만든다. 부자리를 만들 때에는 목수 서너 명이 달라붙어 함께 일을 한다. 토치램프(torch lamp)로 나무에 열을 가해 안에서는 태우고, 밖에서는 물을 뿌려 부자리에 댈 삼나무를 늘여 주고 휘게 한다. 부자리를 잡을 때가 가장 힘들다. 부자리가 완성되면 방풍과 방풍 사이에 늑골을 넣는다. 그다음으로 삼을 만든다. 집으로 치자면 벽을 세우는 것이다. 삼이 다 올라가면 갑판을 깐다. 그다음에 브리지(bridge), 어창 문 등을 만드는 잔일과 함께 배의 틀을 잡아 주는 통삼이 완성되면 배의 형태가 얼추 갖추어진다.

"중선을 지을 때 가장 아름다운 곳이 묘시예요. 묘시가 잘 잡힌 배가 아름답죠. 묘시가 잘 빠지면 배가 잘된다고 생각했어요. 묘시가 꼬부라지면 사고 친다는 얘기가 있어요. 마치 매부리코처럼 너무 코가 구부러지면 배가 사나워요. 어디 가나 사고가 잘 나는 배가 있는가 하면 안 나는 배가 있어요. 배가 사고가 잘 나면 코가 선장의 코처럼 묘시가 똑같다고 하죠. 그런데 묘시 아담하게 참 예쁘다 하면 선장도 마음씨가 착하고 벌이가 잘된다고 믿었죠. 묘시가 잘 서면 뱃벌이도 잘된다는 믿음이 있었어요."

배를 짓는 목수에게는 신앙과 같은 믿음이 있었다. 배에 신성(神性)이 있다고 믿었기 때문이다. 그 점은 뱃사람들도 마찬가지였다. 폭풍이 치는 망망대해에서 생명을 걸고 작업을 해야 하는 뱃사람들에게 배는 곧 자신이 절대적으로 의지해야 하는 것이었다. 그래서인지 배를 짓는 목수나 뱃사람들이 배의 상징인 묘시에 거는 믿음은 거의 종교에 가깝다. 궂은일이 안 생기기를 바라는 마음이 곧 묘시에 기대는 마음이었던 것이다.

2~3개월 걸려서 60~70자짜리 안강망 배를 다 지어 진수식을 할 때에는 기생과 무당을 불러서 뱃고사를 했다. 이날은 목수들과 선주, 선원들이 함께 마시고 즐긴다. 그리고 배를 타고 시운전을 함께 했다.

목수들은 급여를 주로 품으로 따졌다. 1일은 1원, 10일이면 10원, 이런 식으로 장부에 기재해서 적는다. 몸이 아파 빠지면 그날 품은 공제했다. 도목수는 품삯 이외에 경비를 따로 챙겼다. 당시에는 배 짓는

도끼와 자귀. 안강망 어선 짓는 데 중요한 도구들이다.

공구가 전부 수동이었기 때문에 힘이 들어 1주일에 한 번 회식을 했다. 불고기, 갈비탕을 먹었다. 도목수가 쓰는 경비를 제하고 목수들은 날수를 계산해서 똑같이 나누어 가졌다. 📝

태풍과
어부 조난비

     어부에게 태풍은 곧 죽음이다. 의지할 곳 없는 망망한 바다에서 태풍을 만나면 곧 고기밥 신세가 되고 만다. 덕적군도의 섬에 관한 신문 기사 내용은 주로 오지 낙도의 생활 실태나 어부들의 조난 사고였다. 태풍으로 조난당한 뱃사람들의 수를 헤아리기 어려울 정도였다.

  뱃사람에게 파란풍파의 자연은 마마와 맞먹을 만큼 무섭다. 뱃사람들은 "바다가 새까맣게 뒤집힌다"는 말을 한다. 집채만 한 파도에 휩쓸리는 순간 생명을 부지할 수 없게 된다. 오죽하면 "저승에서 벌어 이승에서 쓴다"고 했을까.

  그만큼 뱃일은 목숨을 걸고 하는 일이다. 지금도 덕적도 북리, 연평도 등지에는 어부 조난비가 세워져 있다. 죽은 이의 이름도 적혀 있지 않은 일종의 '무명 어부 비(無名漁夫碑)'라고 할 수 있다.

遭難漁業者慰靈碑

黃海道知事 鄭僑源書

황해도지사가 세운 '조난 어업자 위령비'

조기와 민어 파시가 한창이던 연평도, 굴업도 어장에서 대형 참사는 여러 번 있었다. 그 첫 번째는 1923년의 참사다. 그 기록은 연평도에 세워진 '조난 어업자 위령비(遭難漁業者慰靈碑)'에 새겨져 있다. 이 비는 황해도지사가 1934년 6월에 연평도어장에 불어닥친 큰 태풍으로 조난당한 희생자들의 영혼을 달래고자 세웠다.

북리항은 1923년 8월에 있었던 태풍 대참사와 관련이 깊다. 당시 태풍으로 인하여 굴업도에서 민어잡이를 하던 안강망 어선 2백여 척이 파손되고 2천200여 명의 어부들이 일순간에 행방불명이 되었다. 또 목기미 해변에 있던 파시촌 가옥 일백삼십 호가 바람과 해일로 날아가 그야말로 아수라장이 되었다. 태풍 참사는 굴업도 민어 파시에 영향을 주었다. 그로 인하여 굴업도 파시가 문을 닫고 북리항으로 옮겨 왔다. 이때부터 북리는 안강망 어항의 전진기지로 이름을 떨쳤다. 1930년대 덕적도 북리항 등 인천 근해를 중심으로 조업을 하던 배는 운반선을 포함하여 2천382척에 달했다. 1960년대 중반에만 해도 민어 어획량이 3천 톤을 웃돌았을 정도로 많이 잡혔다.

두 번째는 1931년 참사였다. 이때 바다의 원혼이 된 어부들을 기리기 위해 세운 비가 덕적도 북리 비석거리에 세워진 위령비이다. 경기도지사가 세운 이 '조난자 위령지비(遭難者慰靈之碑)'는 1931년 8월에 선미도 인근 바다에서 일어난 풍랑으로 유명을 달리한 어부들을 기리는 위령비이다.

악험(惡險)이라고 불리던 선미도 주변이 민어 어장이었다. 수심이 40~50미터로 민어 서식에 최적의 어장이었다. 북리항 앞바다에 있는

'풀치'라고 불리던 대초지도와 소초지도를 비롯하여 악험 주변, 백아도 장구도 주변, 굴업도 새우산 등지가 민어 어장으로 이름을 날렸다. 급작스러운 풍랑을 맞아 당시에 조난을 당한 어부만 55명을 헤아릴 정도였다. 대참사를 부른 1931년 태풍은 칠산바다에서 5백여 척을 전복시키고 6백여 명의 어부들을 죽음으로 내몰았다.

세 번째는 1934년에 불어닥친 태풍이었다. 이 태풍으로 연평도어장이 큰 피해를 입었다. 연평도는 7, 8월 조기 철이 되면 전국 각지에서 연평 드림을 꿈꾸며 몰려온 안강망 어선들로 장관이었다. 1934년 6월 1일 폭풍우를 피하여 연평항으로 대피한 어선이 600여 척이었다. 2일 오후 2시경, 밀물 때를 기하여 폭풍이 거세지고 집채만 한 파도가 휘몰아쳐 정박한 어선들이 서로 충돌하면서 배들이 파손되기 시작했다. 이로 인하여 침수되거나 파손된 배가 323척, 사상자가 204명이나 되었다. 참혹하기 그지없었다.

해방 이후 대참사로 기록된 것은 1959년 9월에 발생한 사라호 태풍 때의 일이었다. 사망자 823명, 부상자 2천218명, 실종자 340명이 발생하였고, 선박 6천619척이 큰 피해를 입었다. 이때 조기잡이를 나갔던 많은 어부가 파도에 휩쓸려 실종되거나 죽었다. 그들을 추모하기 위해 불렀던 노래가 〈눈물의 연평도〉다.

조기를 담북 잡아 기폭을 올리고
온다던 그 배는 어이하여 아니 오나
수평선 바라보며 그 이름 부르면

갈매기도 우는구나 눈물의 연평도

태풍이 원수드냐 한 많은 사라호
황천 간 그 얼굴 언제 다시 만나 보리
해 저문 백사장에 그 모습 그리면
등대불만 깜박이네 눈물의 연평도

〈눈물의 연평도〉 노래비

연평도에 세워진 〈눈물의 연평도〉 노래비에 적힌 가사이다. 조기잡이를 떠나 황천으로 간 뱃사람들의 한도 깊으려니와, 가장을 잃은 가족의 슬픔도 이만저만이 아니었을 터이다.

서해안 일대의 주요 어장 치고 어부 위령 조난비가 없는 곳이 없다. 사연 없는 어장이 없고, 뜻하지 않은 조난으로 인한 슬픔이 없는 어장이 없을 정도이다. 연평도, 덕적도 북리 등에 세워진 조난비를 볼 때마다 바다에서 살고 바다에서 죽음을 맞은 어부들의 삶이 애달프다. 이 노래를 듣노라면 연평도와 경기만 일대에 어부들의 원혼이 지금도 떠도는 것만 같다.

3부

● 서포 김만중과 소연평도

● 원(元) 순제와 대청도

● 하와이 이주민과 칡사람들

● 임용우와 섬에서의 만세 소리

● 훈맹정음의 창안자 박두성

● 섬사람 최분도 신부

● 가형도와 현평도

● 땅콩 농사로 한평생

● 서포리 직업 낚시꾼

섬사람들

웃음 짓는 늙수레한 입가에는 모진 풍파가 배어 있다.

땅콩 농사에 손마디는 갈퀴를 닮았다.

오로지 땅콩 농사가 전부였던 젊은 시절을 떠올릴 때면

절로 미소가 났다.

모진 땅콩 농사에 시커멓게 구들장처럼 타들어 간 세월이지만,

화전을 일구고 수확하고

동네 사람들 한데 모여 가마니 추렴을 하던

그때가 오히려 정겨웠다.

서포 김만중과
소연평도

서포 전설과 소연평도

소연평도(小延坪島)에는 서포(西浦) 김만중(金萬重, 1637~1692)과 관련된 이야기가 전해 온다. 조선조 숙종 대에 판서를 지낸 관리요, 한글 소설인 『구운몽(九雲夢)』을 지은 문학가인 서포가 소연평도로 피난 와서 거처하다 나갔다고 한다.

연대는 알 수 없으나 김만중이 모함을 받아 관직을 삭탈당하고 피난처를 찾던 중에 『정감록(鄭鑑錄)』 같은 비결서(秘訣書)에서 배꼽섬에 가면 사람 100명은 구하리라는 글귀를 접하고 그 섬이 어디인지 찾았다고 한다. 땅이 끊어지고 하늘만 통한 섬은 산연평이라 생각한 그는 배에 짐을 싣고 소연평도 월출봉(月出峰) 앞 봉래산 밑에 있는 은골에 거처를 정해 살았다고 전해 온다. 이곳에 맑은 물이 흐르는 골짜기가 있는데, 그곳이 서포가 은거하던 은골짜기인 것으로 알려졌다.

섬에 비해 높고 큰 산(214미터)을 가진 소연평도는 섬 꼭대기에 실안 개가 늘 감돈다. 소연평도를 '산연평'이라 불렀던 것도 그 때문이다. '산연평(山延坪)'이라는 지명은 1454년에 간행된 『세종실록(世宗實錄)』 지리지에 보이고, 조선조 말에 간행된 『해주읍지(海州邑誌)』에도 나온 다. 400~500년은 지속된 지명인 셈이다. 소연평도는 그 밖에 '쇳돌 섬', '쇠연평', '새연평', '소연평' 같은 별칭들도 가지고 있다. '쇳돌섬', '쇠연평'은 섬 전체가 자철광석(磁鐵鑛石)으로 이루어진 데서 비롯한 이름이다. 그래서 무게로 치면 소연평도가 오히려 '큰 연평'이니까 소 연평도에 와서 큰연평이 크다고 큰소리치지 말라는 우스갯소리까지 있다. '새연평'은 이 섬이 나무가 없고 초지(草地)가 많아 붙은 별칭이 다. 억새, 띠 같은 '새' 풀이 많아 이들로 지붕을 얹고 소를 먹이고 삼 태기를 엮고 겨울 연료로도 썼을 정도라서 새연평이라고 했다. '소연 평도'는 1910년 이후 행정구역 개편과 통폐합을 거치면서 부르게 된 이름이다.

소연평도는 예로부터 도피처, 피난처로 알려졌다. 조선 중기부터 널 리 알려진 『정감록』 등의 비결서를 신봉하던 사람들이 소연평도가 은 신처가 될 만하다는 예언을 믿고는 가족을 이끌고 들어와 화전(火田) 을 일구었다. 초막을 짓고 고구마, 감자, 옥수수 등을 길러 해산물과 함께 식량 삼아 살면서 혼란한 세상과 난을 피하였다. 병자년 전쟁 등 으로 사회 혼란이 극에 달했던 때에, 그러한 정세가 반영된 풍수지리 나 도참사상의 영향을 받아 이곳을 안식처로 삼고자 했던 것이다. 김

만중이 소연평도로 와서 난을 피하였다는 설이 전해 오는 것도 이와
무관치 않다.

서포의 생애

김만중은 조선조 숙종 때의 문인으로 자는 중숙(重
叔)이며, 호가 서포이다. 그의 호 서포에 대해서는 1756년(영조 32년)
~1776년(영조 승하) 사이 어느 후손이 지었을 것으로 추정되는 『서포
연보(西浦年譜)』에서 "귀양살이하는 곳의 이름을 따 스스로 서포라 하
였다"고 밝히고 있다.

그의 집안은 광산(光山) 김씨 명문거족으로, 조선조 예학(禮學)의 대
가인 사계(沙溪) 김장생(金長生, 1548~1631)의 증손이다. 김장생은 율
곡(栗谷) 이이(李珥)의 제자이며 우암(尤庵) 송시열(宋時烈)의 스승이었
다. 그의 할아버지 반(槃, 1580~1640)은 이조판서를 지냈으며 그의 아
버지 익겸(益兼, 1614~1637)은 성균관 생원으로 병자호란 때 순절하였
다. 그때 김만중은 어머니 해평(海平) 윤 씨의 태중에 있었으며, 훗날
숙종의 장인이 되는 그의 형 서석(瑞石) 김만기(金萬基, 1633~1687)는
다섯 살이었다. 나중에 김만기의 딸이 숙종의 비인 인경황후(仁敬王后)
가 되었으니 김만중은 인경왕후의 숙부이다.

김만중은 1637년(인조 15년) 2월 10일 한낮 병자호란의 화중에 피난
가던 배 위에서 태어났다. 그래서 얻은 아명이 '배에서 태어났다'는 뜻
의 선생(船生)이다. 아버지 충정공(忠正公) 김익겸은 병자호란 당시 강

화도가 함락될 때 선원(仙源) 김상용(金尙容)과 함께 화약에 불을 질러 스스로 산화했으며, 김익겸의 어머니 서(徐) 부인도 그때 자결하였다. 김익겸이 순절했을 때, 김만중의 어머니 윤 씨는 스물한 살이었고 배가 만삭이었다. 유복자로 태어난 김만중은 아버지의 얼굴을 알지 못함을 종신토록 지극한 아픔으로 여겼다. 어머니 윤 씨는 인조의 장인인 윤두수(尹斗壽, 1533~1601)의 4대손이고, 영의정을 지낸 문익공 방(昉)의 증손녀이며, 이조참판 지(墀)의 무남독녀였다. 김만중은 서울 외가에서 어머니의 엄격한 훈도 아래 외증조 윤신지(尹新之), 큰아버지 김익희(金益熙) 등으로부터 가학을 전수받으며 성장하게 된다.

1665년(현종 6년)에 정시문과(庭試文科)에 장원급제한 김만중은 여러 관직을 거쳐 1671년 암행어사가 되어 경기, 삼남(三南)의 민정을 살폈다. 1672년 겸문학(兼文學), 헌납(獻納)을 역임하고 동부승지(同副承旨)가 되었으나, 1674년 인선왕후(仁宣王后)가 작고한 후 자의대비(慈懿大妃)의 복상 문제(服喪問題)를 둘러싸고 벌어진 당쟁에서 서인(西人)이 패하자 관직을 삭탈당하였다. 그 후 다시 등용되어 1679년 예조참의, 1683년 공조판서, 이어 대사헌이 되었으나 조지겸(趙持謙) 등의 탄핵으로 전직되었다. 1685년 홍문관 대제학이 되었고, 이듬해 지경연사(知經筵事)로 있으면서 김수항(金壽恒)이 아들 창협(昌協)의 비위(非違)까지 도맡아 처벌되는 것이 부당하다고 상소했다가 선천(宣川)으로 유배되었으나, 1688년 방환(放還)되었다. 이듬해인 1689년(숙종 15년) 박진규(朴鎭圭), 이윤수(李允修) 등의 탄핵으로 다시 남해(南海)에 유배되어 1692년(숙종 18년) 4월 30일에 남해 앵강만(鶯江灣)의 작은 섬, 노도

김만중의 마지막 유배지 노도(사진: 남해군청)

(櫓島)에서 56세를 일기로 생을 마쳤다.

서포가 관직을 삭탈당하고 유배당한 것은 숙종 임금과 희빈 장 씨 사이에서 태어난 아들을 세자로 책봉하는 문제를 둘러싸고 벌어진 서인과 남인의 다툼에서 서인이 패하여 역모죄로 몰렸기 때문이다. 서포는 남해의 노도에 마련된 적소(謫所)에 위리안치(圍籬安置)되었다. 깎아지른 벼랑으로 둘러싸인 섬이 곧 가시 울타리가 둘린 감옥이었던 셈이다. 그야말로 절해고도에 갇힌 몸이었다. 온종일 바다만 응시하며 한숨을 쉬던 서포를 섬사람들은 '노자묵고 할배'라 불렀다.

노도로 유배당한 해의 12월 22일에 어머니 윤 씨가 세상을 떠났으나 그다음 해 1월에야 비로소 유배지에서 부고 소식을 듣게 된 김만중은 당상(堂上)에 앉았다가 깜짝 놀라 부르짖으며 당하로 몸을 던져 까무

라쳐서 오랫동안 일어나지 못하였다고 한다. 서포는 유배 시절에 선천에서 『구운몽』을, 노도에서 『사씨남정기(謝氏南征記)』와 『서포만필(西浦漫筆)』을 지었다. 그의 문학이 유배지에서 꽃을 피운 것이다.

서포와 섬

서포가 언제 소연평도 은골로 들어왔는지는 정확하지 않다. 또한 언제 '서포'라는 호를 득했는지도 알 수 없다. 다만 서쪽이 서해이니 추정하자면, 그가 어머니의 품안에 있던 강화도 아니면 소연평도에서 머물렀다는 구전으로 미루어 짐작건대 그의 호가 서해와 관련되었으리라고 추측할 뿐이다.

그의 호 서포는 평안북도 선천에 귀양 갔을 때 그곳의 지명을 따서 스스로 지은 것으로 알려져 왔다. 이를 근거로 서포라는 지명을 찾아보면 평안도에 한 군데가 있다. 평양을 지나 서평양(西平壤)과 간리(間里) 사이 평남 대동군 재경리면에 있는 서포(西浦)가 그곳인데 이 지명이 김만중의 호와 관계가 있는지는 정확하게 알 수 없다.

서포의 삶은 드라마틱했다. 난리 통에 피난선에서 유복자로 태어난 것 자체가 탄생의 충격이다. 『서포연보』에 의하면 병자호란 당시 강화도를 빠져나와 교동으로 갔다가 대부도(大阜島)로 옮겼다. 난을 피해 영남 전선(嶺南戰船)을 얻어 타고 강화도를 빠져나와 서울로 가기 전에 대부도에 피난을 했다가 호란이 진정되자 마포로 가는 배를 타고 서울 외갓집으로 갔을 가능성이 있다. 예전에는 경기만을 오가는 남양수로

가 있어서 영흥도→덕적도→장봉도→강화도 뱃길을 거쳐서 마포로 갔다.

그가 언제 소연평도에 갔는지는 알 수 없다. 하지만 추측은 가능하다. 유배의 파란 많은 삶을 산 서포가 모함과 관직 삭탈의 아픔을 피해 소연평도를 잠시 피신처로 삼았을 가능성이다. 당시에 마포와 연평도는 뱃길 왕래가 빈번한 곳이었다. 해주→대청도→연평도→교동도→강화도 뱃길이 있어서 쉽게 오갈 수가 있었다. 세곡(稅穀), 해산물은 물론이고 나무 장작을 실은 배들까지 교동수로를 이용해서 마포에 드나들었다.

서포에게 서해의 섬과 포구는 생사의 고비를 넘긴 드라마틱한 장소였다. 그의 그런 고단한 인생 역정이 '서해 혹은 서쪽의 포구' 또는 '서방정토로 가는 나루'를 의미하는 '서포'라는 호를 스스로 짓도록 만들었는지도 모른다.

서포는 유난히 섬과 관련이 깊다. 끊을 수 없는 운명 같은 인연으로 이어져 있다. 아버지가 순절한 곳도, 만삭의 어머니가 구사일생으로 빠져나온 곳도 강화도였다. 그가 피난을 위해 잠시 머물렀다고 알려진 교동도와 대부도, 모함을 피해 피신했다는 서포 전설이 전해 오는 소연평도 역시 섬이었다. 그가 마지막으로 유배되어 생을 마친 곳도 앵강만의 작은 섬 노도였다. 📝

원(元) 순제와
대청도

고려로 유배 온 원 순제

　　"대청도에 원 순제와 관련된 이야기가 많이 전해 내려와요. 저도 사극 드라마인 〈기황후〉에서 초기 대청도 이야기 나오길래 몇 번 시청했습니다. 지금도 대청초등학교 터를 대궐 터라 부릅니다. 주변 논밭 명칭도 대궐 터 논, 대궐 터 밭이라 불리죠. 원 순제가 등극하기 전 태자로 계모의 모함을 받아 귀양 왔는데, 입도 경로는 옥죽포 포구였다고 들었습니다. 태자가 궁궐을 짓고 살았다는 내동은 원래 안골이에요. 옛날 어른들이 내동에서 시집오면 '안골에서 시집왔다' 했죠. 안골은 분지 형태로 산에 빙 둘러싸여 있고, 서내동, 동내동, 양지동(양지편)으로 이루어졌는데, 서내동 너머를 엉골이라고, 매 응(鷹) 자를 써서 응골이라고 했어요. 대청도는 원래 매가 많아요. 고려 때부터 매를 훈련시켜 전쟁 때 이용하고 그랬나 봐요. 그래서 옛날에는 매막골이라고 했고, 매막골, 응골, 엉골이라고 했죠. 70년 초인가 서내동 뒷산 중턱 꼭대기쯤에서 불상이 여러 개 나왔다고 해요. 그게 다 원 순제와 관련되어 있다고 전해 와요."(백광모, 대청도)

대청도(大靑島)는 원나라(元, 1279~1367) 황제의 근친족들과 태자의 황족(皇族) 유배지이다. 원나라 순제(順帝)가 태자 시절에 유배를 온 섬이다. 원 순제의 이름은 토곤 테무르(妥懽帖睦爾, 1320~1370)로, 명종(明宗)의 맏아들로 태어나 태자에 봉해졌으나 왕실 내부의 모함으로 1330년(고려 충숙왕 17년)에 대청도로 유배되었다. 토곤 테무르는 원의 마지막 황제로, 그 부인이 고려의 공녀(貢女) 출신인 기황후(奇皇后)다. 원나라가 대청도를 황족이나 국가의 중대 사범의 유배지로 삼은 것은

고려 때 대청도에 온 원의 유배인

유배 시기	유배인	신분
1280. 8.	애아적(愛牙赤)	황태자(皇太子)
1283. 9.	실라지(室刺只)	
1288. 6.	활활대(闊闊歹)	황족(皇族)
1292. 4.	도길출(闍吉出)	
1317. 1.	아목가(阿木哥)	황족
1324. 1.	발라(孛剌)	황족
1330. 7.	토곤 테무르(妥懽帖睦爾)	황태자

당시 고려가 원(元)의 지배 아래 있었기 때문인 것으로 보인다. 아울러, 중국에서 물길로 쉽게 접근할 수 있는 데다, 고려의 수도인 개경(開京)에서 비교적 가까워서 유배인(流配人)을 감시하고 보호하기가 용이했다는 점도 유배지로 대청도를 선호한 이유였을 터이다.

원 순제는 대청도 안골이라고 불렸던 내동(內洞)에 궁궐을 짓고 뽕나무와 옻나무, 쑥, 꼭두서니 등을 심고 살았던 것으로 전해 온다. 그 후 1년여 간의 유배살이를 한 토곤 테무르는 원으로 돌아가 원나라 마지막 황제인 순제로 즉위했다. 이런 사실은 『택리지』에 기록되어 있다.

원나라 문종(文宗)이 순제(順帝)를 대청도로 귀양 보낸 일이 있었다. 순제는 집을 짓고 살면서 순금 부처 하나를 봉안하고 매일 해 돋을 때마다 고국에 돌아가게 되기를 기도하였는데, 얼마 후 돌아가서 등극하였다.

　—이중환, 『택리지』 팔도 총론

중국 명나라 초기 문헌인 『원사(元史)』 권38 순제기(順帝紀)에도 다음과 같은 기록이 있다.

지순(至順) 원년 4월에 명종(明宗, 순제의 아버지)의 황후 팔불사(八不沙)는 살해를 당하였다. 따라서 순제가 고려로 쫓겨갔다. 고려 대청도에서 살게 하고, 다른 사람과 접하지 못하게 하였다.(至順元年四月辛醜, 明宗後八不沙被讒遇害, 遂徙帝於高麗, 使居大青島中, 不與人接)

원 태자의 귀양살이

원 순제는 대청도 안골을 도읍지라고 생각하여 장안 (長安)이라 불렀으며, 소청도에 있는 분바위에 가서 자주 놀았다고 한다. 원 순제의 귀양살이에 대해 인근의 소청도, 백령도에 이르기까지 모르는 사람이 없을 정도로 '신황(新皇)의 전설'이 전해 온다. 순제의 대청도 귀양살이와 관련된 이야기는 이렇다.

원나라 명종의 맏아들로 태어난 토곤 테무르는 일찍 생모를 여의고 계모의 품에서 자란다. 계모에게도 왕자가 태어나자 적자(嫡子)인 토곤 테무르를 모함하여 태자로 봉해지는 것을 막으려 했다. 황후인 계모는 방에 온 태자에게 등이 가렵다며 저고리를 벗고 등을 긁게 하고는 태자가 자신을 겁탈하려 했다면서 소동을 벌인다. 이 일로 태자는 황후를 겁탈하려 한 패륜아가 되어 유배를 당하게 된다. 유배지는 절해고도(絶海孤島)인 대청도로 정해졌다. 태자가 대청도 내동으로 귀양올 때 따라온 신하만 600명이 된다고 전해진다. 태자 일행이 도착한 곳은 대청도의 옥죽포(玉竹布)였는데 포구에서 적소(謫所)인 양지(陽地)에 이르는 행로는 숲이 빽빽하여 나무를 베고 수풀을 헤치고 가느라 무려 7일 밤낮이나 걸렸다고 한다.

태자가 대청도에 유배되어 가 있자 황후는 혹시 훗날에 복수나 하지 않을까 노심초사하다 심복을 시켜서 몰래 동태를 살펴 오게 했다. 심복이 대청도에 이르러 보니 산림이 울창하고 계곡 사이로 해당화가 수북하게 피어 있어 그야말로 선경이 따로 없었다. 마을 깊숙이 들어가

원나라 순제가 처음 도착했다는 대청도 옥죽포(사진: 옹진군청)

니 태자가 궁궐을 짓고 단란하게 사는 품이 별천지의 모습이었다. 이를 본 심복은 본국으로 돌아가 본 대로 황후에게 아뢰었다. 당황한 황후는 태자를 없애 버릴 계획을 꾸미고 부왕(父王)의 이름으로 거짓 편지를 보낸다.

잘못이 있어 내가 너를 멀리 떠나보냈으나 부자의 정을 어이 저버릴 수가 있겠느냐. 보고 싶은 마음 금할 길 없어 우울한 나날을 보내던 중 이제 급한 병을 얻어 죽음이 눈앞에 있다. 명의(名醫)란 명의를 다 불렀으나 도리가 없다는구나. 다만 한 가지 신효(神效)한 약이 있기는 하다는데, 그 신약이란 바로 태자의 눈알을 하나 먹는 것이라하니, 그로써 천 년을 산다 한들 어찌 내가 너의 눈을 먹을 수 있겠느냐. 애비는 너를 한번 못 본 채 속절없이 죽게 되었구나. 늙은 몸이 이제 죽은들 무슨 여한이 있으랴마는, 멀리 나라를 떠나보낸 너를 생각할 때 눈이 감길 것 같지가 않구나.

이와 같은 내용의 편지를 읽자 태자는 계모의 흉계인 줄도 모르고 뜨거운 눈물을 흘리며 결심하여 자신의 한쪽 눈을 빼서 황궁으로 보냈다. 태자의 살신성인에도 불구하고 황후의 계략은 끝나지 않았다. "너의 눈을 하나 먹었더니 약간의 차도가 있어 기쁘나, 마저 하나를 더 먹어야 완쾌되겠다"는 내용의 편지를 다시 태자에게 보내 급기야 두 눈을 다 빼내고야 말았다.

이 일을 겪고 얼마 있어 조정으로부터 환국하라는 명은 받은 태자는 두 눈을 잃은 상태로 귀국 길에 올랐다. 황후 세력이 권력 싸움에서 패배하여 밀려난 것이다. 환국한 태자는 유모가 그동안 자신의 젖을 짜서 보관한 눈으로 광명을 되찾게 되었고, 곧 황제로 즉위하였다.

원 순제의 이야기는 그뿐이 아니다. 그가 내동에 지은 궁궐 터가 지금의 대청초등학교 터였다고 하며, 태자가 처음으로 발을 내딛은 옥죽포는 태자가 들어 온 포구라는 뜻으로 옥지포(玉趾浦), 옥자포(玉子浦) 등으로 불렀다고 한다. 대청도에서 가까운 해주(海州) 신광사(神光寺) 역시 원 순제가 건축 자금과 목수 등 31명을 보내어 절을 짓게 하였다는 기록이 전해 온다. 실제로『고려사(高麗史)』는 1333년에 순제가 고려 왕 충숙(忠肅)에게 "해주 신광사에서 장수하기를 축원하라"는 교지(敎旨)를 내린 것으로 전하고 있다. 🖋

하와이
이주민과
인천 섬사람들

개항과 인천의 섬

　　지금으로부터 110여 년 전 한국은 이주민을 송출하는 나라였다. 1876년 조일수호조규(朝日修好條規), 일명 '강화도조약'이 체결되면서 조선은 근대 자본주의 세계 체제에 합류한다. 1883년 제물포항의 개항은 비단 인천항의 개항만을 의미하는 것이 아니었다. 인천은 개항 이후 서구 문물 유입의 길목이었다. 외부 문화의 수용에 개방적이었던 인천은 개신교의 전파와 수용도 빨랐다. 특히 외국 선교사들은 1885년 한국 최초의 감리교회인 내리교회(內里敎會)를 인천에 세워 포교의 거점으로 삼고 활동 영역을 넓혀 나갔다. 인천은 서울과 인접한 데다 항구도시라는 이점이 있어 이들 선교사들이 활동하기에는 더없이 좋은 장소였다. 제물포항의 개항이 인천 앞바다의 섬에 미친 영향도 크다. 경기만 일대는 서구 문물이 들어오는 길목이자 인후 (咽喉)이기 때문에 덕적도를 비롯하여 영종도, 강화도, 교동도에 일찍이 개신교가 전래되었다.

개신교의 전파와 수용은 인천 섬들에 큰 영향을 미쳤다. 영종도에 감리교가 전래된 시기는 1897년으로, 내리교회의 전도 활동과 관련이 깊다. 영종이 인천의 제물포항에서 가깝기도 하거니와, 교회 조직으로 보더라도 인천 내리 구역에 속한 지역이었기 때문이다. 아펜젤러(H. G. Appenzeller, 1858~1902) 목사의 후임으로 1892년 인천에 부임한 조지 존스[G. H. Jones, 한국명 조원시(趙元時), 1867~1919] 목사는 본격적으로 강화, 황해도 연안, 해주, 남양 등의 서해 섬을 선교지로 삼았다. 그가 내리교회 주재 시에 덕적, 영종, 영흥, 교동, 강화와 강화의 각 섬에 교회를 세우는 일을 했다고 《기독신보》(1919. 7. 30.)에 기록되어 있다.

내리교회와 교인들(사진: 인천광역시청)

그의 부인 마가렛 존스(Margaret Jones, 1869~1962) 역시 기독교 선교를 목적으로 최초의 근대적 초등 교육기관인 인천 영화(永化)학당을 세웠다.

존스 목사는 1903년까지 인천에 머물면서 제물포 구역, 강화 구역, 연안 구역의 책임 관리자가 되어 영종도, 덕적도, 강화도, 교동도 등 '제물포 지방'에 속했던 인천 섬들에 대한 선교에 진력하였다. 그는 또한 한국 최초의 집단이민 사업을 적극 주선한 인물이다. 1902년 미국 하와이 사탕재배자협회에서는 한국 노동자를 취업 이민시키기 위해 조선 정부 내 궁내부(宮內府)에 수민원(綏民院)을 설치하고 이민 사업을 적극 추진하였다. 이때 존스 목사는 하와이 사탕수수 밭 이민 사업에 적극적으로 나섰다.

이로 미루어 볼 때 영흥도, 대부도, 영종도, 덕적도, 강화도 등의 섬사람 상당수가 하와이 사탕수수 밭 이주 노동자로 떠난 것으로 보인다. 당시 인천 섬들에 감리교 교세가 널리 퍼져 있었기 때문이다. 하와이 초기 이민은 인천 내리교회에 와 있던 존스 목사가 중심이 되어 모집했고 다수의 내리 교인들이 그 당시 하와이로 떠났다. 영흥도 출신 홍승하(洪承河) 전도사가 하와이로 파송 갔다 온 것이 이를 뒷받침해 준다.

하와이 이민이 적극 장려된 것은 1901년(광무 5년) 대기근으로 먹고 살 길이 막막했던 당시의 어려운 상황과 맞물려 있다. 당시 극심한 가뭄으로 인하여 굶는 사람이 부지기수였다. 이런 궁핍한 시절에 사탕수수 밭 노동력이 부족했던 하와이로의 이민은 거부할 수 없는 선택이었다.

인천 섬 출신 하와이 이주민들

1911년 9월 30일에 발간된 《그리스도 회보》에 아래와 같은 기사가 실려 있다.

영종 전소리(前所里, 前防禦使營 新邑)교회의 강원석 전도사가 미국에 있는 형제들에게 성전 건축을 호소하는 편지를 보냈더니, 김유성이라는 형제가 5~6년 동안을 수만 리 해외에서 땀 흘려 일하여 저축한 돈 100원과 또 그곳에 있는 다른 형제 몇 명이 18원을 영종도 전소리교회로 보내왔다.

1910년경에 영종도 교인 김유성과 그 밖의 몇 사람이 해외에서 노동하여 번 돈을 건축 헌금으로 전소리교회에 보냈다는 기록이다. 영종도 전소리는 운남리(雲南里)에서 가장 큰 마을로 전수, 큰물, 전소리, 전소방 마을이라 불렸으며, 중촌리 구읍에 있던 영종진이 이곳으로 옮겨와 있었으므로 신읍(新邑)이라고 했다. 이를 근거로 미루어 보면 영종도 전소리교회에 건축 헌금을 바친 이들이 누구인지 짐작할 만하다.

"김유성이라는 형제"와 "다른 형제 몇 명"은 하와이 1차 이민자로 떠난 인천 섬사람들인 것으로 보인다. 하와이 이민자 교회는 1903년 7월 4일 모쿨레이아 사탕수수 농장에서 감리교 김이제 전도사 주례로 예배를 시작하였는데, 그해 11월 10일 리버스트마에 예배 장소를 세내어 영흥도 출신 홍승하의 인도로 첫 예배를 시작하였다고 한다.

하와이로 이민한 사람 중에는 존스 목사가 이민을 권유한 50여 명의 남녀 교인과 40여 명의 부두 노동자가 포함되어 있었다. 이렇게 모인 하와이 이주민 일행은 1차로 121명이 1902년 12월 22일 고국산천과 일가친척을 눈물로 작별하고 인천항을 떠났다. 이때 영종도와 영흥도, 대부도, 덕적도, 강화도, 교동도 등 인천 섬 지역 사람들이 하와이 이주민으로 떠났다. 그중에는 영종도의 김유성, 양경필, 하성택 등과 영흥도의 홍승하, 덕적 소야도의 안동 김씨 집안의 김 씨 여인, 강화도의 김이제(金利濟) 등이 있었다. 그런가 하면 강화도의 정천일(鄭天一)처럼 하와이 이민선을 타러 나왔다가 신체검사에 불합격하여 포기한 사람도 있었다.

하와이 이민선 갤릭호(사진: 인천광역시청)

인천항을 떠나 일본 고베(神戶)항에 도착하여 신체검사를 받고 20명이 불합격을 받아 102명이 갤릭(S. S. Gaelic)호를 타고 12일 만에 하와이 호놀룰루에 도착하였고, 또다시 신체검사를 받은 결과 8명이 떨어져 모두 94명이 하와이에 남게 된다. 하와이로 떠난 이주민들은 하루 10시간씩 사탕수수 농장에서 하와이 말로 '루나'라고 부르던 독일인 십장의 채찍을 맞으며 고된 노동을 하였다. 월급은 16~18달러로 하루 평균 임금이 65~67센트였다. 여자들은 임금이 더 낮아서 하루 50~60센트를 받았다. 받은 돈으로 식비, 세탁비 등을 지불하면 남는 돈은 9~11달러에 불과했다. 노예노동이 따로 없었다. "우리는 이민이 아니라 노예로 팔려 온 것"이라고 절규하기도 했다.

인천의 섬은 개항과 함께 이주의 역사가 시작된 곳이다. 그곳에서는 하와이 사탕수수 밭으로 외로이 떠났을 섬사람들의 고된 삶과 역사가 고스란히 숨결로 전해 온다. 그들이야말로 생존을 위해 다른 세상을 꿈꾸며 떠났던 개척자들인 셈이다. 인천 섬에 가면 이방인으로 외롭게 살면서 평생 고향과 가족을 그리워했을 이민자들이 떠오른다.

임용우와
섬에서의
만세 소리

송정 숲과 만세 삼창의 주역

덕적도 진리(鎭里) 덕적고등학교 내 솔밭인 송정(松汀) 숲에는 3·1운동 기념비가 세워져 있다. 1919년 4월 9일 덕적도에서 울려 퍼진 독립만세운동을 기념하기 위해서이다. 기념비 후면에는 다음과 같은 기록이 있다.

옹진군 덕적도에서 전개된 만세운동을 기념하기 위하여 세운 비이다. 1910년 일제에 국권을 빼앗긴 지 9년 후인 1919년 3월 1일에 임용우(林容雨, 1884~1919) 선생은 고향인 김포 월곶(月串)에서 만세운동을 주도하고 일제에 수배되어 덕적도(德積島)로 들어와 제자인 합일학교 선생 이재관(李載寬)·차경창(車敬昌) 등과 함께 만세운동을 전개하기 위하여 태극기를 제작하였다. 이재관의 선창으로 대한 독립 만세를 부르고, 봉화를 올려 인근 문갑도와 울도까지 독립운동의 여파를 미치게 하였으며, 일제에 체포되어 서대문형무소에서 일제의 모진 고문에 못 이겨 35세의 나이로 순국하였다. 덕적도 면민들은 그의 숭고한 애국정신을 기리고자 3·1독립만세운동 60주년을 맞이하여 덕적 면민 일동이 만세를 불렀던 그 자리에 기념비를 세웠다.

덕적도 송정의 '기미(己未) 삼일독립만세 기념비'

덕적도 송정 소나무 밭

600여 그루의 토종 조선 소나무와 해송으로 둘러싸인 송정에는 섬 사람들의 독립운동의 의지가 서려 있다. 덕적군도의 영혼이 깃든 신성한 숲이다.

이를 주도한 이가 당시 덕적도 명덕(明德)학교 선생으로 있었던 임용우와 덕적도 우포(友浦, 지금의 서포2리)에서 태어난 이재관, 차경창이다. 이들은 사제지간으로, 임용우가 명덕학교에 교사로 재직하고 있을 때 이재관과 차경창이 그의 학생이었다.

3·1운동 당시 임용우는 명덕학교 교사였고 덕적 사람 이재관, 차경창은 합일(合一)학교 교사로 재직 중이었다.

덕적에 신식 학교인 초등학교가 세워진 것은 1901년 기독교의 복음이 덕적에 전파된 것과 관련되어 있다. 진말에 명덕학교(1907년), 큰쑥개인 북리에 명신(明信)학교(1907년 8월), 벗개(友浦)에 합일학교(1908년)가 설립되었다. 명덕학교 출신인 이재관, 차경창이 졸업 후에 합일학교 교사가 되었다.

'다 같이 하나(一) 되자'라는 의미를 가진 합일학교는 '우리 모두 주 안에서는 한 형제니 같은 돌림자를 사용하자'는 뜻에서 '한일(一)자' 돌림자로 개명한 강화도 출신의 종교인들에 의해 세워진 학교이다. 기독교 신앙과 애국사상이 투철했으며 1919년 3·1독립만세운동이 전국에 물결칠 때 합일학교 선생들이 주도적으로 만세운동에 앞장서기도 했다.

'합일'이라는 동명의 학교가 강화읍과 강화의 홍천에도 있었다. 강화읍 제일합일학교는 1901년에 설립되었으며, 덕적 합일학교는 1908년에, 강화 홍천의 합일학교는 1909년에 설립된 같은 학맥(學脈)의 이름이다. 덕적도 합일학교에서는 '조선어독본', 일본어인 '국어', '산술', '지리', '역사', '창가', '체조' 등 신식 과목을 가르쳤다.

덕적도 명덕학교 교사였고 3·1운동을 주도한 임용우는 경기도 김포군 월곶면 개곡리에서 부안(扶安) 임씨로 태어났다. 어렸을 때 10년간 한학을 공부하였고, 구한말 신교육의 열풍이 불 때 김포 통진(通津)에 있는 창신학교에서 신학문을 공부했다. 1912년 28세 때 덕적도 우포로 들어와 명덕학교를 세운 뒤 8년간 재직했다. 1919년 기미년(己未年) 4월 9일에 만세운동을 하다가 투옥된 후 그의 나이 35세에 옥사했다.

합일학교 교사였던 이재관은 덕적 서포리 벗개(우포)에서 태어났다. 명덕학교에서 임용우에게 신학문을 수학한 후 합일학교에서 교사로 재직했다. 차경창 역시 벗개 출신으로 3·1운동 당시 19세로 합일학교 교사로 있었다. 이재관과 함께 징역 8개월을 언도받고 서대문형무소에서 옥고를 치렀다. 석방된 이후 연합회 소속 목사가 되어 영흥도 대부도 등에서 목회 활동을 하였다. 1947년 서울로 올라와서 수표교교회에서 목회를 하였으나, 6·25전쟁 때인 6월 28일 외출했다가 행방불명이 되었다.

섬에서 울려 퍼진 "독립 만세"

덕적도에서 "대한 독립 만세"가 울려 퍼진 것은 4월 9일이었다. 3·1운동을 주도한 임용우는 1919년 3월 1일 서울에서 독립 선언식에 참가하고 3월 3일 고향인 김포군 월곶면 군하리 면사무소 앞에서 대한 독립 만세를 시창하고 이어 시위행진을 했다.

일제의 감시와 체포를 피해 재직하고 있었던 덕적도로 온 것이 4월 4, 5일경이었다. 덕적도로 피신한 임용우는 명덕학교 운동회를 계기로 독립 선언식을 거행하기로 계획하고 유고문(諭告文)을 돌렸다.

드디어 4월 9일 오전 10시에 운동회를 개최하여 덕적도 내 명덕학교, 합일학교, 명신학교 간에 줄다리기, 달리기, 씨름 등의 순으로 진행하고, 운동회가 끝날 무렵 독립 선언식을 거행했다. 임용우가 연설하고 이재관이 유고문을 낭독했다. 만세 삼창으로 끝난 후, 300여 명의 덕적군민이 시위하며 만세 삼창을 했다. 진리에서는 뒷산에서 봉화를 피우며 만세를 불렀고, 서포리인 익포의 국수봉, 큰쑥개인 북리에서도 만세를 불렀다. 시위행진은 밤 9시까지 계속되었다. 이 시위는 덕적도 운동회에 참가한 섬 주민들에 의해 곧 인근 섬인 문갑도, 울도까지 퍼져 덕적군도 전체에 만세 소리가 울려 퍼졌다.

임용우가 체포되고 곧이어 이재관, 차경창 등 만세운동에 참여한 섬사람들이 연이어 체포되어 인천으로 압송되었다. 임용우는 김포와 덕적도에서 전개한 만세운동의 주동자로 1년 6개월, 이재관과 차경창은 각각 8개월의 징역형에 처해졌다.

덕적도 3·1만세운동은 비록 고립된 섬일망정 섬 주민들의 독립운동의 의지와 저항이 강렬하게 분출되었다는 점에서 그 의미가 크다. 기념비가 세워진 송정 소나무 밭이야말로 덕적군도 섬사람들의 혼이 깃든 신성한 숲인 것이다. 🖼

훈맹정음의
창안자
박두성

교동 사람 박두성

교동(喬桐) 사람 송암(松庵) 박두성(朴斗星, 1888~
1963)은 한글 점자(點子) '훈맹정음(訓盲正音)'의 창안자이다. 그는
1888년(고종 25년) 4월 26일 교동면 상룡리 516번지에서 태어났다. 박
두성이 태어나던 당시 교동은 경기도에 속한 교동군이었다. 그가 태어
난 현재의 상룡리 516번지는 동면 상방리에 속하므로 박두성의 출생
지는 경기도 교동군 동면 상방리가 된다.

상방리에는 다릿멀, 법재, 뚱구지, 숫고개, 배다리, 마빵, 북다리고
개, 낭아래 등 8개 촌락이 있었는데 박두성은 그중 다릿멀에서 태어났
다. 다릿멀은 마을 우물에 달빛이 비치는 모습이 아름답다 하여 붙여
진 이름이라 하기도 하고, 우물물이 달아서 '단물'이라고 불리다가 다

제생원 맹아부 수업 중인 박두성 선생(사진: 인천광역시청)

릿멀로 굳어졌다는 설도 있다.

그의 집안은 본관이 무안(務安)으로 경기도 양평군 지평에서 살다가 7대조가 교동도로 이주하여 그곳에서 일가를 이루며 살았다. 일가친척들은 중선(重船)배를 부리며 어업에 종사하였고, 박두성의 집안은 가업이 농사로 부유한 편이었다.

'대한제국관원이력서'에 나와 있는 기록에 의하면 박두성은 어려서 서당에서 한학을 수학하고, 1904년 강화도에 있는 보창학교(普昌學校)에 입학하였다가 휴학한 후, 다시 1906년 6월 한성사범학교(漢城師範學校) 속성과에 입학했다가 9월에 졸업했다는 기록이 있다. 한성사범학교를 졸업한 박두성은 양현동(養賢洞)보통학교와 어의동(於義洞)보통학교에서 교편을 잡았다(당시 20세).

8년 동안 보통학교 교사로 활동하던 박두성은 1913년(당시 26세) 제생원 맹아부(濟生院盲啞部, 서울盲學校의 전신) 교사로 발령을 받았으며, 그 후 본격적인 맹인 교육에 나섰다.

총독부가 당시 조사한 자료에 따르면 1921년 8천699명, 1927년 1만 1천85명의 시각장애인이 있었는데 이들을 교육할 시설은 터무니없이 적었다. 박두성은 이들을 위해 점자(點字) 교과서가 있어야 한다고 생각하고, 1913년 일본에서 점자 인쇄기를 들여와 한국 최초로 점자 교과서를 만들었다.

그가 맹인들을 위한 점자에 관심을 갖게 된 데에는 일본 점자 기념일이 계기가 되었다. 일본 점자는 있는데 정작 한글 점자는 없기 때문에 시각장애인들이 우리말로 된 점자를 읽고 쓰지 못했다. 이런 어려움을 덜기 위해 한글 점자 연구에 매진했던 것이다.

훈맹정음의 창안자

당시에 선교사 로제타 셔우드 홀(Rosetta Sherwood Hall, 1865~1951)이 운영하던 평양맹아학교에서는 '평양 점자'라고 불렀던 4점형 한글 점자를 사용하고 있었다. 평양 4점식 점자는 하나의 자음이나 모음을 표기하는 데 두 칸을 사용하는 경우가 많았고, 초성 자음과 종성 자음이 구별되지 않아 문자로서 결함을 가지고 있었다.

제생원에서는 일본 점자인 6점형 점자가 사용되고 있었는데, 6점형 점자가 4점형 점자에 비해 우수하다는 것을 인식한 맹아부 학생들이 박두성 선생에게 6점형 한글 점자를 만들어 달라고 요청하였다. 이에 박두성은 제자들과 함께 '조선어점자연구회'를 조직하여 점자 연구를 시작했다. 그는 점자 창안을 위해 한글의 원리와 창제 과정을 연구했다. 드디어 각고의 노력 끝에 1926년 8월 12일 한글 점자는 세상에 태어났다. 그리고 훈민정음 반포와 같은 시기를 근거로 해서 1926년 11월 4일 '훈맹정음'이라는 이름으로 발표하였다. 한글 점자가 완성된 다음 날 박두성은 '육화사(六花社)'라는 맹인 조직을 만들고 동아일보, 조선일보 등 신문사의 협조를 받아서 새로운 한글 점자의 완성과 점자 통신교육을 홍보하기 시작했다.

1935년 박두성은 22년 동안 재임했던 제생원 교사직을 사임하고 이듬해 인천 영화학교 교장으로 부임한다. 영화학교 재임 기간에도 맹인 교육을 위해 신약성경 등의 성경 점역을 계속했다. 해방 후에는 시각장애인들을 위한 소식지 《촛불》을 점자로 발행하기도 했다.

그의 점자 점역 등 맹인 관련 사업은 중풍으로 쓰러질 때까지 계속되었고, 그 공로를 인정받아 1962년 국민포장을 수상했다. 1963년 8월 25일 향년 75세로 인천시 중구 율목동 자택에서 소천(召天)했는데, 죽음의 문턱을 넘을 때 눈물을 흘리면서 했다는 "점자책 쌓지 말고 꽂아"가 그의 마지막 유언이었다.

섬사람
최분도
신부

섬으로 온 이방인

2001년 3월 30일 오전 11시. 미국 뉴욕 메리놀 신학대학 내 대성당에서는 〈아리랑〉이 울려 퍼졌다. 덕적 섬사람들이 붙여준 이름인 '서해 낙도(西海落島)의 슈바이처', '서해의 별'로 알려진 최분도(Father Benedict A. Zweber, 1932~2001) 신부의 장례미사가 열렸다. 학교 내 성당에서 엄수된 미사가 끝나고, 한 치 앞도 보이지 않을 만큼 비가 내리는 가운데 메리놀 신학대학 내 묘지에 최 신부는 안장되었다. 그의 연보는 다음과 같다.

1932. 1. 7. 미국 미네소타 주 뉴메케트 출생
1938. 9. 1. 성 니고나오 초등학교에 입학하여 8학년에 졸업함

1946. 9. 1. 나자렛 고등학교 입학

1950. 6. 4. 동교 졸업

1950. 9. 1. 미네소타 교구 성 바오로 신학대학 철학과 입학

1954. 6. 4. 동 대학 졸업

1954. 9. 1. 뉴욕 소재 메리놀 신학대학 신학과 입학

1959. 6. 13. 사제 서품(외방 선교사로 한국 파견 준비, 8월에 배편으로 미
국 출발)

1959. 9. 한국 메리놀 외방선교회 파견, 내한

1960~1962 답동 본당, 송림동 본당, 백령도 본당 보좌신부 역임

1962. 6. 연평도 본당 주임신부(덕적도 공소 2개 군 4개 면 공소 22개소)

1966. 4. 13.~1976. 1. 7. 덕적도 본당 주임신부(인천교구 17번째 본당
으로 신설)

1976. 1. 8.~9. 30. 송림동 본당 임시 보좌신부

1976. 10. 1.~1982. 2. 18. 송현동 본당 주임신부

1982. 2. 18.~1986. 9. 19. 부평3동 본당 주임신부

1986. 9. 20.~1990. 산곡2동 본당 주임신부

1990. 2. 14. 메리놀회 본국 발령 귀국

1998 사할린 거주 한인 교포를 위한 성 야고보 성당 건립

2001. 3. 26. 미국 메리놀 신학대학 내 성 데레사 양로원에서 선종

인천 사람보다도 더 인천 섬을 사랑한 사람 최분도 신부. 그는 덕적
군도 사람들에게 살아 있는 성인이었다. 그는 덕적도 천주교 본당 주

최분도 신부 공덕비 완공식(사진: 서재송)

임 재임 시에 많은 업적을 남겼다. 덕적 발전에 공헌한 그를 기리기 위
해 1976년에 서포리 소나무 밭 입구에 세워진 공덕비에는 다음과 같
은 글귀가 적혀 있다.

스스로 자원하여 온 한국 땅에서 30년간 사랑과 봉사를 실천하여
온 천주교 신부. 덕적도 본당의 주임 재임 시에는 본당 설립과 함께
복자 유베드로 병원을 개원, 현대 의료 기구를 신설하고, 1967년 전
기 사업에 착수, 종합병원의 개설 운영 및 도민들의 문화적 혜택을
위해 전력 공급에 힘썼다. 이외에도 해태 양식 시험 사업에 착수, 성

공을 거두고 덕적도 서포1리, 진1리, 북1·2리에 호안공사를 실시하여 어민들의 통로와 물양장을 완공, 1971년 상수도 증설 사업 실시·완공하였다.

1959년 6월 사제 서품을 받고 자원을 해서 한국으로 온 때 그의 나이 27세였다. 그는 1932년 1월 7일 미국 미네소타 주 넥빌의 작은 농촌 마을에서 아버지 노벨 즈웨버(Nobel Zweber)와 어머니 에블린 즈웨버(Evelyn Zweber) 사이에 5남 5녀 중 다섯째로 태어났다. 1950년 미네소타 교구 성 바오로 신학대학 철학과에 입학하여 졸업한 후 1954년 뉴욕 소재 메리놀 신학대학 신학과에 입학했다. 그가 메리놀 신학대학에서 사제 서품을 받고 한국 외방 선교사로 지원하게 된 이유는 그의 형과 관련이 깊다. 그의 둘째 형은 당시 미8군에서 복무하다가 한강 급류에 휩쓸려 떠내려가는 두 소년을 구하고 이국땅에서 죽음을 맞이했다. 그해가 1956년 8월이었다. 살신성인한 형의 죽음은 최분도 신부가 한국행을 결심하게 된 이유가 되었다.

메리놀 외방선교회 파견 사제로 한국에 온 최분도는 1960년에서 1962년까지 인천의 답동, 송림동, 백령도 본당 보좌신부를 역임하였다. 본당 주임신부로 그의 첫 부임지는 연평도였다. 연평도 본당 주임신부로 재임하면서 덕적도 2개 군 4개 면에 있는 22개 공소를 관리했다. 5년 후인 1966년 덕적도로 발령을 받아 정착하게 되는데, 이때부터 낙도 섬사람들의 가난과 질병 문제에 맞서 싸웠다.

벽안의 낯선 이방인으로 덕적도에 온 최분도의 첫 사업은 질병 퇴치였다. 병원 하나 없는 낙도에서 병치레는 큰일이 아닐 수 없었다. 맹장이 터져 죽어 가는 것을 지켜보아야 했다. 변변한 진료소나 약국 하나 없어 어린아이가 열이 펄펄 끓어 죽어 가도 아무 대책이 없었다.

섬마을의 구원자

최분도는 섬사람들의 가장 큰 고통이 질병임을 알았다. 연평도는 물론이고 그가 관리하는 덕적군도의 22개 공소로 미사를 다니며 가장 시급하게 해결해야 할 문제로 느낀 것이 의료 문제였다. 그는 미8군에서 첩보선으로 쓰던 낡은 소형 보트를 구입하여 병원선으로 개조했다. 배 이름은 성모 마리아의 애칭인 '바다의 별'이었다. 의사는 성모병원에서 파견되었다. 병원선에서 의사 한 명과 남자 간호사 한 명이 진료를 했고, 엑스레이(X-ray) 설비까지 갖추고 있어 간단한 외과 수술이 가능했다.

한국 최초의 수상 병원이었던 바다의 별은 1964년에 첫 진수식을 하였다. 병원선 진료는 연평도에서 시작되었다. 당시에는 연평도어장에 조기 파시로 안강망 어선들이 몰려들 때였다. 조기잡이를 나갔다가 다치는 뱃사람이 많았다. 그물을 끌어 올리는 롤러 줄에 끼여 팔다리가 잘리거나 부러졌다. 뱃사람들에게 바다의 별은 구세주나 다름없었다. 바다의 별은 연평도에서 시작해 덕적도, 문갑도, 울도, 백아도 등지를 순회하며 섬사람들에게 무상으로 의료 혜택을 주었다.

덕적도에 가톨릭 인천 교구 열일곱 번째로 본당이 설립된 때는 1966

년이었다. 황해도에 가까운 연평도에 비해 덕적도는 인천에서 가깝고, 인근에 섬들이 많아서 중심으로 삼고자 했다.

최분도가 덕적도에 부임해 벌인 첫 사업은 복자(福者) 유베드로 병원을 설립하는 것이었다. 병상이 60개나 되는 병원이었다. 바다의 별 병원선만으로는 섬사람들을 진료하기에 턱없이 부족했다. 중환자의 경우에는 치료가 어려울 뿐 아니라 인천까지 후송하기도 쉽지 않았다. 내친김에 덕적도에 병원을 설립한 것이다. 낡은 병원선인 '바다의 별'도 서포리에서 새로 건조해서 진수했다. 병원은 내과, 외과, 산부인과, X-선과로 구성되었다. 국내에서는 구하기 어려운 의료 기구와 약품을 미국 등지에서 들여왔다. 의사는 가톨릭의대 부속병원에서 후원을 받았다. 또 여름방학을 맞은 가톨릭의대 학생들을 각 섬으로 보내 의료

봉사 활동을 하게 했다. 연간 입원 환자 5천500여 명, 외래환자만 1만 2천여 명에 달했다.

하지만 가장 큰 문제는 전기 시설이었다. 수술을 하고 엑스레이를 찍으려면 전기가 필요했다. 발전기를 돌리고 전주를 세워야 했다. 하지만 전주를 서울에서 섬까지 운반해 오는 비용이 전주 값보다 더 비쌌다. 결국 모래와 자갈은 섬에서 구하고 시멘트와 철근을 사 와서 송판으로 네모지게 전주 틀을 만들었다. 동그랗게 만들 수가 없어 자구책으로 만든 것이 네모난 전주였던 것이다. 그렇게 네모난 전주가 섬 곳곳에 세워졌다.

전주를 만드는 것도 큰일이었지만 운반하고 세우는 일은 더 힘들고

| 덕적도 서포리 선주 집 앞에 있는 사각 전주

어려웠다. 자동차나 크레인이 없던 시절이라 사람의 힘을 빌려 목도로 일일이 운반해서 세울 수밖에 없었다. 서포리에서 북리까지 가서 전주를 세우려면 장정 여섯 명이 목도로 옮겨야 했다. 산을 넘는 고역이었다. 최분도 신부 역시 직접 목도를 멨다. 전주를 운반하는 모습을 보면서 사람들은 미친 사람이라고 손가락질을 했다. 하지만 전주가 세워지고 전깃불이 들어오자 사방에서 도움의 손길을 보태기 시작했다. 너나 할 것 없이 협조를 했다. 전기의 보급은 서포리에서 시작하여 북리, 진리 등 덕적도 전체로 확대되었다. 면장을 위원장으로 하여 '덕적도전기조합'을 만들어 운영했다. 해가 지기 시작하면 전깃불이 들어와 자정인 12시에 단전되었고, 새벽 5시에 다시 공급되었다. 국가에서 전기를 공급한 것이 아니고, 섬 주민이 중심이 되어 전기조합을 운영한 사례이다.

수술을 하고 환자를 치료하기 위해서는 발전 시설뿐 아니라 상하수도 시설도 필요했다. 지게를 지고 공동 우물에 가서 물을 길어 오던 시절이었다. 물탱크를 만들어 집집마다 상하수도 시설을 했다. 덕적도의 섬 개조 운동은 1970년대에 시작된 새마을운동보다 앞선 것이었다. 덕적도는 1960년대 중반에 이미 병원이 설립되고, 전깃불이 들어오고, 전화·상하수도 시설까지 갖춘 섬이었다. 칠흑의 섬에서 도시 못지않게 문명의 혜택을 받는 섬으로 바뀌었다.

가난한 어민들을 위한 최분도 신부의 헌신은 의료 사업과 상수도 사업에 그치지 않았다. 빈곤 퇴치를 위해서 어선 세 척을 구입해 무상으로 기증하고, 어민들 스스로 협동조합을 만들어 운용하도록 했다.

덕적도에 해태(김) 양식장을 만든 것도 최분도 신부의 공적이었다. 섬사람들이 고기잡이만으로는 궁핍한 생활을 벗어날 수 없어 해태 양식장을 세웠다. 해양 학자를 불러다가 수질 검사를 하고, 부산까지 사람을 보내 교육을 받고 포자를 얻어 와 해태 양식장을 만들어 섬 주민들이 공동으로 운영하도록 했다. 겨울에 수심이 낮아 맛 좋기로 소문난 덕적 김은 잘 팔렸다. 1972년에 덕적도만 해도 2천 속(1속은 김 100장)이 생산되었다. 김 양식은 인근 섬인 소야도, 문갑도, 백아도 등지까지 확대되어 섬 주민의 살림살이에 큰 도움이 되었다.

벗개 갯벌을 막아 제방을 쌓아 농경지를 만드는 간척 사업도 벌였다. 덕적도 주민들이 시작한 제방 공사는 1962년 가톨릭구제회 지원을 받으면서 본격화되었다. 제방 공사에 참여한 섬 주민에게 밀가루를 주었다. '보릿고개' 시절, 밀가루는 섬 주민들의 허기를 채워 주는 소중한 양식이었다. 제방 공사는 주민들에 의해 90퍼센트까지 진척된 후 1971년 국가로 이관되어 완성되었다. 대대적인 섬 간척 사업을 통해서 27만 평의 농지가 조성되었다. 덕적도 주민의 4개월분 식량을 확보할 수 있는 농지였다. 덕적도의 개척 사업은 그렇게 완성되었다. 식량 자립의 길이 열린 것이다.

중국인 이주민과 인혁당

최분도 신부의 섬 공동체 만들기 사업은 섬 주민에 그치지 않았다. 어린아이들을 위해 덕적도에 유치원을 설립해 운영했

중국인 양로원 농장에서 일하는 중국인 이주민들(사진: 서재송)

다. 당시로서는 획기적인 일이었다. 그뿐 아니라 중국인 양로원도 운영했다. 인천 차이나타운에 있는 중국인 양로원이 재정 악화로 폐원될 처지에 놓이자 덕적도 서포리에 있는 덕적 본당 근처로 양로원을 이전시켰다. 한국인 여성과 결혼한 산둥성 중국인 이주민이 나이가 들어 독거 신세가 되자 이들을 거둔 것이다. 공동으로 경작할 수 있는 농지도 마련해서 공동체 생활을 하게 했다. 이곳에서 중국인 이주민들은 농사를 지으며 남은 생애를 보냈다.

1976년 송현동 본당 주임신부 재임 때 최분도 신부는 인권 운동가로도 열정적으로 활동했다. 김지하 시인 구명 운동을 비롯하여, '인혁당 (인민혁명당) 사건'에서도 엠네스티 위원으로 지학순 주교와 함께 구명

운동에 앞장섰다. 최분도 신부가 구명 운동을 했던 양심수 중 이재문(李在汶)이 있었다.

이재문은 제1차 인민혁명당(약칭 '인혁당') 사건(1964)에 연루되어 구속된 후 석방되어 제2차 인혁당 사건(1974)으로 수배자의 처지로 내몰렸다. 독재의 칼날인 긴급조치가 시퍼렇게 날을 세우던 시기였다. 박정희는 전국민주청년학생총연맹(약칭 '민청학련')이라는 불법 단체가 반국가적 불순 세력의 배후 조종 아래 '인민혁명'을 획책하고 있다고 주장했다. 그 배후에 과거 공산계 불법 단체인 인민혁명당 조직이 있다며 인혁당 사건 관련자들을 구속 수사하고 1975년 관련자 8명의 사형을 집행했다. '인혁당 재건위 사건'으로 불리는 이 사건은 '사법 살인'으로 기록되었다. 민청학련 배후로 지목되었지만 검거 위기를 넘겨 사형을 면한 이재문은 긴 수배 생활을 하다 1976년 남조선민족해방전선준비위원회(약칭 '남민전')를 결성한다. 노동자, 농민, 소시민, 중소기업가, 민족자본가, 양심적 기업인 등이 연합하여 통일전선을 형성하고 민중 항쟁으로 박정희 정권을 무너뜨리고 민주적 연합 정부를 수립하는 것이 목적이었다.

유신 체제에 맞서 싸운 이재문은 1979년에 체포되어 대법원에서 사형 확정 선고를 받고 복역하다 1981년에 옥중에서 병으로 순절했다. 지병으로 앓고 있던 유문협착증이 악화된 데다 가혹한 고문과 차디찬 옥중 생활로 점점 몸이 쇠약해진 것이 원인이었다. 서대문형무소에서 뼈만 앙상하게 남은 그의 싸늘한 시신을 인수한 곳은 최분도 신부가 주임신부로 있던 송현동 본당이었다.

어린아이와 함께(사진: 서재송)

　최분도 신부는 국제사면위원회(엠네스티) 후원을 받아 당시 인혁당
관련 양심수 가족에게 생활비를 마련해 주었다. 이재문의 부인이 생활
이 어렵자 대구에서 인천 송현동 성당으로 데리고 와 여회장 직함도
주고 생활할 수 있도록 도움을 주었다.

　최분도 신부가 덕적도 본당에 재임했던 시절인 1966년에서 1971년까지 그의 공적은 덕적 섬사람들에게 가히 은총의 선물이 아닐 수 없었다. 덕적면 서포1리 해수욕장 소나무 밭에 그를 기리기 위해 세운 공덕비에는 다음과 같은 성경 구절이 새겨져 있다. "내가 너희를 사랑하였듯이 너희도 서로 사랑하라."

40년 동안 최분도 신부의 동반자였던 덕적도 주민 서재송(85세) 씨는 다음과 같이 회고했다.

"소탈했어요. 뱃사람들과 막걸리도 마시고, 화투도 치고, 인정이 많았죠. 온갖 궂은일을 마다하지 않았어요. 목도를 지고 아픈 환자를 위해 섬을 찾아다녔죠. 얼굴에는 항상 웃음이 그치지 않았어요. 성품이 그야말로 '사랑' 그 자체였어요. 섬사람들을 지극한 사랑으로 품으셨죠."

최분도 신부는 한국에서의 사역을 마치고 잠시 미국에 있다가 1997년 러시아 사할린으로 간다. 그곳이 그의 마지막 사목지였다. 사할린 섬 유즈노사할린스크에서 제2의 덕적도를 꿈꾸며 사할린 거주 한인 동포들을 위해 성 야고보 성당 공동체를 탄생시킨다.

하지만 골수암에 걸려 더 이상 사목 활동을 할 수 없었다. 미국 메리놀회에서 불러 귀국한 후 병마와 싸우다 68세로 소천하게 된다. 그의 마지막 길에 덕적도 천주교회 신자들도 함께했다. 한국식으로 장례 예의를 갖춰 밤샘을 하며 그를 보냈다. 🖉

기형도와
연평도

섬 아이 기형도

       기형도(奇亨度, 1960~1989)는 연평도에서 태어났다. 부친의 고향은 황해도 벽성군(碧城郡)이었으나 6·25 때 연평도로 피난왔다. 1964년 일가족이 경기도 시흥으로 이사했다. 경기도 광명에서 유년기와 청년기를 보내고 서울에서 대학을 다닌 탓에, 그가 섬 출신이라는 사실은 잘 알려져 있지 않다. 하지만 그는 서해 5도 중에 하나인 연평도 태생으로 섬사람이다. 섬사람들의 풍습이 다 그렇듯이, 아마 기형도도 그가 태어난 연평도 땅 어딘가에 탯줄을 묻었을 터이다. 그래서일까? 그에게서 어딘지 모르게 섬사람 특유의 영혼이 느껴진다.

    연평도에 갈 때마다 아쉬운 것이 있다. 당섬 선착장에서 마을로 들어가는 초입에 기형도 시비(詩碑)라도 세워졌으면 좋겠다. 연륙교로

이어져 호젓하기만 이 길을, 나는 여객선에서 내려 산책하듯 갯바람을 호흡하며 걷곤 했다. 당섬 벼랑에 자라는 뗏부르나무 한 그루조차 눈에 선한 것은 시인 기형도가 태어난 섬이기 때문이다.

그는 1960년 3월 13일(음력 2월 16일) 경기도 옹진군 연평리 392번지에서 3남 4녀 중 막내로 태어났다. 전쟁을 피해서 섬으로 온 그의 가족은 전쟁이 끝나면 다시 고향으로 귀환하리라는 꿈을 꾸었다. 하지만 그 꿈은 이루어지지 않았다.

대연평도 당섬 선착장(사진: 옹진군청)

기형도의 집안처럼 황해도 피난민의 경우, 전쟁 이후 아구리배 등을
이용해서 여수로 피난을 갔다가, 다시 항구가 있는 인천으로 몰렸다.
피난민들이 주로 정착했던 곳은 괭이부리말이나 화수동, 수도국산 등
이다. 배를 타고 해주를 거쳐서 고향으로 돌아갈 수 있는 부두가 있었
기 때문이다. 인천의 만석동, 화수동에는 당시에 피난민 수용소가 있
었다. 괭이부리말에서 살았던 이들은 인근의 배다리에서 지게꾼으로
품팔이를 하거나, 미군 피엑스(PX)와 인연이 닿은 양키시장에서 좌판

을 깔고 양키 물품을 팔았다. 남자들의 경우 미군 창고에 나가서 체크 일을 보거나 항구에서 등짝에 짐을 져 나르는 마루보시(하역) 일을 하기도 했다. 전쟁 직후 인천에는 미군과 결혼한 이른바 양색시들이 많았다. 이들에게서 나온 간즈메(통조림), 사시즈봉, 양말, 스팸, 씨레이션(미군 전투식량) 등을 구해 와 시장에다 내다 팔았다. 양키시장이 그렇게 형성되었고 피난민이 할 수 있는 일이란 그런 것들이었다.

기형도의 가족은 연평도를 뒤로하고 뭍으로 이주했다. 기형도의 나이 5세 때였다. 1964년 일가족이 연평도를 떠나 경기도 시흥군 소하리(현 광명시 소하동 701-6)로 이사를 해서 정착했다. 당시 소하리는 안양천이 흐르고 대한전선, 삼천리표 연탄 공장 등 공장들이 밀집해 있어 거대한 굴뚝에서 희뿌연 연기가 나오는 곳이었다. 그곳에서 성장한 그는 1967년 시흥초등학교에 입학한다. 다음은 어린 시절 섬 아이였던 기형도를 만날 수 있는 그의 시 「엄마 걱정」이다.

열무 삼십 단을 이고
시장에 간 우리 엄마
안 오시네, 해는 시든 지 오래
나는 찬밥처럼 방에 담겨
아무리 천천히 숙제를 해도
엄마 안 오시네, 배춧잎 같은 발소리 타박타박
안 들리네, 어둡고 무서워
금 간 창틈으로 고요히 빗소리

빈방에 혼자 엎드려 훌쩍거리던

아주 먼 옛날
지금도 내 눈시울을 뜨겁게 하는
그 시절, 내 유년의 윗목

―기형도, 「엄마 걱정」 전문

  '엄마 걱정'이 절절하게 묻어나는 이 시는 섬 아이의 숨소리가 살아
있는 물고기마냥 펄떡인다. 동시에 어린 기형도의 모습이 어른거린다.
숙제를 하면서 행상을 나간 엄마를 기다리는 열 살 어름의 아이의 모
습이 선연하게 떠오르는 이 시에는 섬 아이의 유전이 섬광처럼 흐른
다. 기다림과 외로움의 정서가 그것이다. "열무 삼십 단"이라는 가족
의 생계를 이고 시장에 간 엄마를 기다리는 아이의 냉기 감도는 썰렁
한 찬밥 같은 영혼이 손을 뻗으면 금방이라도 만져질 것 같다. "천천
히", "배춧잎 같은 발소리", "어둡고 무서워", "금간 창틈으로 고요히
빗소리"로 이어지는, 아이의 모든 감각이 열려 있는 이 시를 읽으면
경탄이 절로 난다. 시각, 촉각, 청각 등 온 신경을 곤두세우고 어둠과
싸워야 하는 빈방에 갇힌 아이의 모습에서 공포와 간절한 기다림이 전
해진다. 도시 빈민으로 전락한 시대, 우리 모두의 유년의 기억이다.
  어머니의 고된 노동이 아로새겨져 있는 시로는 「달밤」도 있다. 기형
도는 「달밤」에서 "리어카를 끌고 新作路를 걸어오시던 어머니의 그림

자는 달빛을 받아 긴 띠를 발목에 매고, 그날 밤 내내 몹시 허리를 앓았다"는 시심을 얻기도 한다. 그의 누이 역시 생계 일선에 나섰던 모양이다. "누이의 몸에서 석유 냄새가 났다. 글쎄, 자전거도 타지 않구 책가방을 든 채 백 장을 돌리겠다는 말이냐?"(「위험한 가계」) 아버지의 중풍(1969년), 어머니의 노점상, 누이의 죽음(1975년) 등은 김현의 평처럼 '비극적 세계관'을 형성하게 한 원인이기도 하다. 그에게 우수에 찬 내성적인 품성이 있다면, 어쩌면 이러한 그의 성장 과정과 관련이 깊었을 터이다. 가족의 가난은 기형도의 눈에 비쳤고, 그것은 그를 수심 깊은 아이로 성장하게 했다. 그는 누구보다도 가족사의 불우를 지켜보며 성장한 것이다.

공포와 액체 이미지

기형도는 유년기에 어머니의 정서 안에서 자랐다. 고향 연평도에서 광명으로 옮겨 정착하기 위해서 그의 부모 역시 무진 애를 썼을 것이다. 생계를 위해 시장통에서 열무를 팔기도 했다. 그는 유년기의 체험으로 일찍이 세상에 눈을 떴을 것이다. 「엄마 걱정」은 바로 이 섬광의 순간에 해득이는 감수성이 결정된 시인 것이다.

그의 또 다른 시 「빈집」 역시 그의 유년의 기억, 공포가 만든 상실된 빈집의 방 이미지로 번득인다. 안개를 몹시 좋아하고, 빈방에서 홀로 있었던 공포의 느낌을 누구보다도 잘 알고 있었던 기형도가 아닌가.

사람에게 집이란 어떤 거처인가? 따뜻한 정이 오가는 곳이 집이라면

기형도는 냉매의 촉각을 일찍이 배운 자이다. 얼음장같이 차가운 한겨
울 바닷물에 씻긴 손을 잡은 것마냥, 그의 추위 즉 차가운 이미지는 밖
에서 일한 자에 대한 슬픈 기억이 아닐 수 없다. 이러한 유년의 기억으
로 세계를 바라본 기형도는 1989년 3월 7일 서울 종로 파고다극장에
서 29세에 요절한다. 짧은 삶을 산 청년 기형도이지만 그의 밑바탕의
뿌리에는 영민한 섬 아이 특유의 유전이 흐른다. 그것이 부모의 영향
인지, 아니면 생득적인 것인지 모른다. 다만 그가 태어난 연평도의 생
래적인 감득이 그의 온몸에서 자랐던 것이다. 그런 그가 "어머님이 물
려주신 푸른 피가 배어 나온다"(「가을무덤-제망매가」)고 읊는다.

　다음은 섬 아이였던 기형도가 커서 청년이 되어 쓴 사랑 시이다. 삶
의 한 순간을 매듭짓고 새로운 삶으로 넘어가는 순간을 포착한 이 시
에서는, 그의 절절한 사랑의 갈구가 눈에 밟힐 듯 선연하다. 섬 아이에
서 청년으로 훌쩍 성장한 기형도의 애절한 사랑의 절명시는 영원히 늙
지 않을 것만 같다. 결별의 아픔이 이토록 가슴 저린 것은 아마도 혼자
라는 비정함 때문일 터이다. 새로운 열망에 들끓는 그의 시 「빈집」을
늦은 저녁 책상에 앉아 고요히 읊어 본다.

　사랑을 잃고 나는 쓰네

　잘 있거라, 짧았던 밤들아
　창밖을 떠돌던 겨울 안개들아
　아무것도 모르던 촛불들아, 잘 있거라

공포를 기다리던 흰 종이들아
망설임을 대신하던 눈물들아
잘 있거라, 더 이상 내 것이 아닌 열망들아

장님처럼 나 이제 더듬거리며 문을 잠그네
가엾은 내 사랑 빈집에 갇혔네

　　—기형도,「빈집」전문

　기형도가 이 시를 쓴 것은 1980년대 중후반이다. 한국 사회가 민주
화 열기로 부글부글 끓던 때이다. 그의 등단작 중에 도시 빈민과 노동
자의 삶이 각인되어 있는 「안개」가 있다. 1985년 동아일보 신춘문예
당선작인 이 시에 "공장의 검은 굴뚝들은 일제히 하늘을 향해/젖은 총
신(銃身)을 겨눈다"라는 구절이 나온다. 공장 이미지가 당대의 정치 상
황과 결합하면서 강렬하게 형상화되어 있다. "창밖을 떠돌던 겨울 안
개"라는 시구에도 그의 막막하고도 알 수 없는 불안과 공포가 안개 이
미지로 아로새겨져 있다.
　도시로 떠밀려 온 이주민과 도시 빈민들의 삶의 처지를 누구보다도
실감한 기형도에게 안개는 방향 상실과 '갇힘 의식'의 액체(液體) 이미
지를 가지고 있다. 어쩌면 그것은 「엄마 생각」에서 보여 준 '눈시울'
뜨거운 아픔의 변형인지 모르겠다. 그의 어머니가 보여 준 '억척'의 배
경에는 고향을 상실한 자의 떠밀려 온 삶이 자리 잡고 있으며, 그리하

여 그것은 도시 변두리에서 정착하지 못하고 유동하던, 그리하여 액체로 살아야만 했던 당대의 서민들의 감정선과 맞닿아 있다. 도시 빈민으로 떠밀려 온 당대의 서민이 빈방에 찬밥처럼 갇힌 채, 상처의 치유와 사랑을 갈구하는 시대정신과 만난다. 그리하여 결별하고자 하는 의지의 결단 같은 희망이, 짧은 생애를 살다 간 연평도 출신 청년 기형도에게는 살아 있다.

땅콩 농사로
한평생

전쟁도 몰랐던 섬

굴업도에서 남편 성을 따서 지은 '고씨 민박'을 하는 이경심(73세) 씨의 하루는 일거리로 가득하다. 겨울을 나려면 지난여름에 태풍에 쓰러진 나무를 톱으로 베어 나르기 쉽게 나뭇단을 만들어 놓아야 한다. 집 뒤란에 차곡차곡 나뭇단을 쌓아 놓아야 겨울이 뜨끈하다. 때마침 뭍에서 섬에 놀러 온 큰누이의 손이 더해 속히 일을 끝낼 요량이다. 아직 군불을 때고 있어 겨울을 보내려면 땔나무가 필요하다. 요즘이야 석유로 난방을 하는 집이 많지만 고씨 민박집은 아직도 군불 장작이다. 고래에서 나온 검은 그을음이 온 집의 처마에 가득하다. 석유를 땔 형편도 못된다. 민박 손님이 많지 않기 때문이다. 그나마 시력과 청력이 성해 다행이다. 하지만 온몸에 뼈마디가 성한 곳이

없다. 그게 다 젊은 날 땅콩 밭에서 보낸 탓이 컸다.

이경심 씨는 굴업도에서 태어났다. 부모는 덕적도 서포리에서 굴업
도로 1930년대 초에 들어왔다. 이곳에서 6남매를 낳았다. 학교는 야
학으로 겨우 국문을 배웠다. 일제 때 굴업도에 학교가 없었다. 일본인
젊은 총각이 덕적도에서 들어와서 야학을 열어 몇 달씩 일본어 등을
가르쳐 주고는 떠났다. 배운 것이라고는 거기까지였다.

굴업도에서 태어나 굴업도에서 자라다 보니 세상이 어떻게 돌아가
는지 몰랐다. 6·25전쟁도 피난민이 섬으로 들어와서 알았다. 총소리
하나 들리지 않았다. 30여 가구가 안 되는 마을 주민들은 소를 키우고
민어잡이를 하면서 갯것을 해 먹고 살았다.

"그때만 해도 어렵게 살았어요. 애들 가르치면서 먹고살았죠. 배

부리는 집은 몇 가구 없었어요. 3, 4가구나 있었나? 그것도 낙배라고 조그만 배를 부렸어요. 된마 같은 배죠. 낙배를 타고 민어잡이를 했어요. 그때는 굴업도에 민어가 엄청 많이 잡혔어요. 크기가 한 발정도 되는 민어를 잡았어요. 민어 잡는 배를 햇배라고도 했어요. 새우는 중선배로 잡았어요. 울도 가는 곳에 새우 배가 많았지요. 굴업도에서는 낙배라는 작은 배로 7월에는 민어 잡고, 봄에는 간재미 잡고 그랬어요. 민어를 째서 소금을 쳐서 염장을 한 다음에 충남 당진에 가져가서 쌀하고 바꿔 먹었어요. 김포 등지에도 가서 팔았어요."

굴업도에서 땅콩 농사가 시작된 것은 1970년대부터다. 남편이 화전을 일구어서 땅콩 농사를 본격적으로 지었다. 그때부터 부부가 섬 농사꾼이 되었다. 굴업도는 토질이 땅콩 농사 짓기에 안성맞춤이라 섬 전체에 땅콩을 심었다. 농사지을 만한 땅은 모두 땅콩 밭이 되었다.

"섬이 온통 땅콩 밭이었어요. 여기저기 보이는 곳이 죄다 땅콩 밭이었죠. 땅콩은 4월에 심어요. 나물 날 때, 취나물이나 병구나물, 고사리 나올 때 땅콩을 심어요. 그때는 낭개머리나 느다시너머까지 죄다 땅콩 농사 지었어요. 지금은 사람이 살지 않지만 당시에는 목기미에도 몇 가구 살았어요. 땅을 파고 돌로 움집을 짓고 살면서 땅콩 농사를 했어요. 동섬에도 두 가구가 땅콩 농사 지었어요. 뱃터에 네 가구, 큰말에는 40가구 살았어요. 돌김 매어 살고, 보리 심고, 땅콩 농사 짓고 살았죠."

땅콩이 곧 하나님

일 년 땅콩 농사로 집집마다 열다섯 가마 정도를 했다. 시세도 좋았다. 땅콩 농사로 벌이가 좋아 덕적군도 일대에서는 굴업도의 생활수준이 풍족했다. 1970년대 당시에는 땅콩 농사는 고소득이었다. "온 섬이 땅콩 농사를 짓느라고 정신이 없었어요. 어디 밥 먹고 살 만한 게 있던 시절이었나요. 땅콩이 저희들에게는 하나님이었죠"라고 이경심 씨는 당시를 회상했다. 농사가 끝나면 인천에서 전량을 사들였다. 한 가마니에 1만 5천 원. 섬에서 그만 한 돈을 만질 일은 달리 없었다.

"땅콩은 9월에 캤어요. 많이 할 때는 열 가마에서 열다섯 가마 정도, 가마당 이삼십만 원을 받았어요. 땅콩 한 가마를 팔면 쌀 세 가마 정도를 샀어요. 한 집당 보통 열 가마 정도 했어요. 겨울 오기 전에 당진에서 쌀을 팔아 놓으면 한 해 농사가 끝났죠. 한겨울에는 콩을 까서 팔았죠. 손으로 까서 팔았어요. 겨울 내내 손가락에 피가 날 때까지 까서 보름 대목 보러 갔어요. 땅콩은 주로 인천에 내다 팔았어요. 배다리 쪽에 있는 삼성상회라고, 그 집에서 땅콩을 전량 샀어요. 그뿐만 아니라 당시에는 우물이 하나밖에 없어서 먼 곳까지 가서 물을 길어 먹고는 했는데, 동네 곳곳에다 우물도 파 줬어요. 고마웠죠. 나중에 그분 공덕비를 마을 사람들이 고맙게 생각해서 세웠어요. 구 선착장에서 큰마을로 넘어오는 언덕에 세웠죠."

땅콩 추수가 끝나면 동네 사람들이 품앗이를 해서 땅콩 껍질 까는 일을 했다. 방안에 가득 땅콩을 쌓아 놓고 깠다. 저녁이면 밤참을 먹었다. 국수나 칼국수, 단팥죽을 끓여 먹었다. 무료할 때에는 노래도 불렀다. 일은 밤 열두 시 넘게 계속했다. 전깃불이 없던 시절이라 호롱불을 켜고 일을 했다. 새벽 한 시나 넘어서야 비로소 땅콩 까는 일을 접고 잠자리에 들었는데, 방 안은 온통 땅콩 먼지로 가득했다. "그때는 힘든 줄도 몰랐어요. 땅콩이 곧 돈이 되니, 다들 재미있게 일했죠."

굴업도에서 땅콩 농사가 끝난 것은 1990년도 들어서다. 중국에서 싼

이경심 씨의 민박집

땅콩이 손질되어 들어오면서 판로도 어렵고 단가도 맞지 않아 명맥을 잇지 못하고 사라졌다. 땅콩 농사를 했던 밭들은 수크령으로 뒤덮인 초지로 변했다.

이경심 씨는 요즘은 민박을 하고 있다. 집이 허름해서 찾아오는 손님이 없다. 이웃 민박집이 차면 소개로 찾아오는 손님이 있을 뿐이다. 손님이 많은 이웃 민박집의 반찬 일손을 도와주기도 한다. 외지에 나간 자식들이 인천에 와서 함께 살자고 권한다. 그러나 "자식들 잘되면 좋지, 지금 와서 무슨 호강을 하겠어. 공기 좋은 곳에서 몸 편히 마음 편히 쉬고들 가셔"라고 말한다. 섬에서 태어났으니, 섬을 잘 아니, 어디에서 이만큼 마음 편히 있겠느냐고 한다.

웃음 짓는 늙수레한 입가에는 모진 풍파가 배어 있다. 땅콩 농사에 손마디는 갈퀴를 닮았다. 오로지 땅콩 농사가 전부였던 젊은 시절을 떠올릴 때면 절로 미소가 났다. 모진 땅콩 농사에 시커멓게 구들장처럼 타들어 간 세월이지만, 화전을 일구고 수확하고 동네 사람들 한데 모여 가마니 추렴을 하던 그때가 오히려 정겨웠다. 그때를 기억하고 있는지, 고씨 민박 문설주에 걸린, 이 씨가 18세 때 찍었다는 흑백 사진에서는 다소곳한 섬 색시가 부끄러운 미소를 머금고 있었다. 🪶

서포리
직업 낚시꾼

그물 버리고 낚시로

"소용없어, 이 상태로는. 바다가 썩었어."

덕적도 서포리에 사는 낚시꾼 장윤용(75세) 씨는 첫 일성이 바다가
죽었다는 말이었다.

"근방에 통발 하는 배들 몇 척이 있는데 각흘도, 문갑도, 굴업도 등
쓸 만한 곳은 그물로 깡그리 가져가, 씨를 말리다시피 해. 그걸 보면
열통 나. 이제는 두어 시간 가야지 손맛이라도 보지, 이 근처에는 물
고기가 없어."

서포2리 벗개가 고향인 결성(結城) 장씨 장윤용 씨는 7대째 덕적도

에서 살아왔다. 섬에서 오로지 낚시만으로 세 자녀를 대학에 보냈다. 자신을 직업 낚시꾼이라고 소개했다.

　장윤용 씨가 낚시를 하기 시작한 것은 나이 40세 들어서다. 젊었을 때 잠시 고향을 떠나 서울에서 산전수전을 겪었다. 굴비 지게를 지고 동대문에서 장사를 하기도 했고 빵 장사, 시계 장사 등 안 해 본 게 없었다. 서울 생활을 청산하고 나이 37세 때 덕적 고향으로 돌아왔다. 그러고는 번 돈으로 배를 한 척 샀다. 물고기를 잡아서 생활하기 위해서였다. 배를 타 본 경험이 없는 터라 처음에는 생고생을 했다. 처음 산 배는 수령이 오래된 헌 배였는데, 조업도 해 보지 못하고 사자마자 폐선을 시켰다. 다시 배를 사서 창신호라 이름도 짓고 바다에 그물을 놓았다.

　그런데 사리 물발을 만나면 그물이 터졌다. 물살이 세어서 그물이 터지는 바람에 물고기를 잡을 수 없었다. 배를 탄 경험도 없고 그물을 다루는 기술도 없었다. 한번은 벗개 근방인 용데미에 그물을 쳐서 고기가 많이 걸리긴 했는데, 하루가 지나자 물고기들이 다 죽었다. 죽은 고기는 상품 가치가 없었다. 새우도 들었지만 그것으로는 죽도 못 먹겠다고 생각했다. 그길로 그물로 물고기 잡는 일을 그만두었다. 대신, 낚시로만 물고기를 잡아 활어로 인천에 내다 팔기 시작했다. 배에 물간을 만들어서 잡은 고기를 살렸다. 그렇게 낚시꾼이 되었다. 그해가 1985년이었다.

　처음에는 덕적도 인근의 낚시 어장을 잘 몰라서 경험이 많은 문갑 사람들과 함께 다녔다. 멀리 울도 외곽에 있는 방우리까지 갔다. 방우

우럭 건작(덕적도)

리에서 11만날 시작해서 이틀 정도 낚시를 하다가 물때가 지나면 울도 근방으로 이동했다. 다시 물때에 따라 각흘도, 굴업도 등지로 이동하면서 10여 일을 바다에 떠다니면서 낚시를 했다. 사리 때는 물살이 세서 낚시가 어렵기 때문에 바다의 조류가 급하지 않은 조금에서 다섯만날까지 했다. 그렇게 10일 정도 낚시를 하면 물간이 새카맣게 물고기로 가득 찼다. 1~3킬로그램까지 무게가 나가는 우럭이었다. 그 맛에 아예 바다에서 살았다. 어느 정도 낚시 바닥을 알자, 그다음부터는 혼자 낚시를 다녔다.

"처음에는 수협에다 물고기를 팔았는데 수지타산이 안 맞더라고. 결국에는 나카마(중간상) 장사에게 평균 키로(킬로그램)당 1만 5천 원에서 잘 받으면 1만 7천 원까지 받았지. 오로지 우럭만 잡았어. 웬만하면 보통 세 마리에 1키로 되는 것만 낚아 물칸(물간)에 넣고 작은 것들은 다 놓아줬지. 그래야 이놈들이 커서 다시 잡히지."

낚시꾼 장윤용 씨에게는 철칙이라는 게 있다. 세 마리에 1킬로그램 미만짜리는 욕심 부리지 않고 놓아주는 것이다. 물고기를 못 잡는 날이라도 철칙은 지켰다. 낚시는 주로 각흘도, 굴업도와 문갑도 등지로 다녔다. 문갑도의 뒷면과 진부리 쪽, 할미염에서도 두어 자짜리 우럭이 올라왔다.

"낚시에는 자리가 있어요. 포인트라고 하지. 어떨 때는 고기들이 이만씩 팔뚝만큼 큰 것들이 쌍으로 잡힐 때가 있어. 가크리 덩바위 앞으로 가면 투구처럼 생긴 바위가 있는데, 그 앞으로 300미터 정도 가면 송여라는 바다 암초가 있어. 집 모양으로 꼭대기가 얇고 양쪽으로 뚝 뚝 떨어진 모양의 여인데 거기에 우럭이 잘 잡혔어. 고기도 무는 시간이 있어, 자리마다 달라. 들물에 드는 때도 있고, 썰물에 드는 날이 있어. 감서(물이 줄어들었을 때)부터 들물까지는 선단여 밑 구녕으로 해서 남쪽으로 내려가면 사리발 때에도 잡혀. 거기에 수심이 40미터 되는데 우럭이 굵어. 우럭 낚시는 40~50미터에서 잘되지. 거기 좋은 자리 하나 있고, 선단여 밑 감물(간조) 들어올 때 40미터에서 낚시가 잘돼요. 감물 때 우럭이 잘 들어요. 썰물에는 첫술에는 선단여부터 해, 참(만조)서부터. 선단여 바위 세 개 붙어 있는데, 북쪽으로 100미터에서 150미터 정도 가면 수심이 50미터 정도 되는데, 물이 참으로 밀 때 고기가 잘 잡혀."

사계마다 다른 낚시

물고기도 사계절이 다 다르게 잡힌다. 봄에는 주로 수심이 15~20미터 정도 되는 얕은 데에서 물고기가 올라온다. 진달래 필 때 낚시가 시작된다. 주로 각흘도에서 많이 잡고 물때에 따라 울도까지 내려가서 잡기도 한다. 조금 때에는 40~50미터 정도 되는 깊은 데서 물고, 사리발에는 15~20미터 정도 되는 얕은 데서 잡힌다. 그런 곳에서 씨알이 굵은 우럭이 올라온다.

한여름에는 가고 싶은 대로 간다. 주로 각흘도 근방으로 가서 낚시를 한다. 물때를 봐서 몇 만날인지 따져서 간다. 사리발에는 낚시를 안 가고, 혹여 낚시가 되는 조금 때 가더라도 동풍이 불면 고기가 안 잡히는 때가 있다. 그러면 자리를 옮겨서 낚시를 한다.

"가을에 감조금(간조기 조금)까지는 한 마리당 2키로, 키로 반이 잡혀. 가을에는 씨알 굵은 고기가 하도 많으니까 잘 잡혀. 선단여 쪽, 50미터 선인 굴업 각흘도 사이가 가장 수심이 깊은데, 우럭이 60, 55, 40미터 선에서 잘 잡혀. 각흘도, 가섬 사이에 낚시 포인트가 넓어. 예전에 안강망 폐선 가라앉힌 곳인데, 낚시가 걸리면 끊어지기도 하는데 그곳에서 잡히는 우럭은 씨알이 굵어요. 가장 큰 고기는 광어는 10키로짜리도 있어. 1미터 얼추 되는 것도 어쩌다 잡혀. 가을에 11월 말까지도 하는데, 양력으로 11월 중순이나 말 되면 얼추 끝나요. 낙엽이 다 지지. 낚시하다 운주봉 깃대봉 보면 망망허지. 곧 겨울이 오니까."

낚시는 겨울이 휴식기다. 겨울 바다가 매섭기도 하거니와 물고기가 잘 잡히지 않는다. 한 해 동안 번 돈으로 겨울을 난다.

낚시꾼으로서 장윤용 씨는 지금도 민어가 잡히던 시절을 잊지 못한다. 민어 손맛을 보고 싶지만 귀한 고기가 되었다고 했다.

"새우산이라고 있지, 굴엄도 밖에. 민어가 많이 잡혔어. 지금도 벗개 너머 수리봉이 있는데, 그쪽에 수심이 뚝 떨어지는 곳에 민어가 있어. 내가 젊었을 때 할아버지를 따라갔는데 주낙으로 큰 것들이 잡혔어, 열아홉 살 때 노 저으라고 해서. 지금도 민어가 있는 것 같아 가끔씩 보면 아랫녘 배들이 와서 잡아 가. 있어도 우리는 못 잡어, 민어는 깊은 데 있어. 때로는 밤에 활동을 해서 낚시로는 잡기가 힘들지."

요즘은 물고기가 예전만큼 없다고 한다. 나가면 하루에 보통 40킬로그램까지 잡았지만 지금은 기껏 해야 10킬로그램도 못 된다. 5킬로그램만 잡아도 다행이다. 덕적도 인근에 물고기가 사라지고 있는 것이다. 그물로 마구 잡는 탓도 있지만 원인은 해사 채취로 보고 있다.

"모래 채취가 지장이 커. 치어가 커서 알을 낳으면 해초 등 풀에 낳을 텐데, 마구잡이로 해사를 채취하니 풀이 떨어져 나가 산란을 못하지. 막 파헤치니까. 서포리 해수욕장도 예전 같지 않아. 해안이 많이 파헤쳐 나갔지."

젊었을 때에는 밤샘까지 하면서 낚시를 했다. 아침 8시에 나가서 종일 바다에서 낚시를 드리우고 물고기를 잡다 보면 어느 새 물간에 가득한 우럭을 보면서 흡족해 했다. 하지만 이젠 밤낚시는 엄두가 나지 않는다. 체력이 예전 같지 않고 물고기도 잡히지 않아 저녁 6, 7시쯤이면 집으로 돌아온다. 직업 낚시꾼의 퇴근인 셈이다.

"어떨 때는 하루 종일 안 잡힐 때도 있어. 이젠 조바심을 내지 않지. 그냥 낚싯줄을 바다에 대고 연평산이나 덕물산을 멀리 바라보지. 어떨 때는 용담에 있는 수리봉을 바라보고 해. 그러다 한 마리도 못 낚고 집으로 들어오는 날도 있어. 그래도 좋아. 이게 내 인생이로구나 하고 생각하면서, 이젠 애들도 다 컸으니, 낚시도 간을 보러 갈 때가 많지. 손맛을 잃지 않으려고 나갈 때가 많아. 바다 냄새도 맡고 바람도 쐬고 그러지." 🖉

4부

● 안강망 어선 춘덕호와 납북 어민

● 굴업도에서 배우다

● 일본으로 팔려 간 굴업도 민어

● 굴업도시

● 굴업도 지명 이야기

● 무인도를 찾아가다

● 목숨을 건 이동

섬의 외침,
섬에서의 삶

새들이 물과 사람이 있는 곳을 찾아 섬에 안착하듯이,

결국 사람도 생존을 위해 오지인 섬까지 들어오는 것이다.

새와 마찬가지로 죽음을 무릅쓰고

이주의 삶을 선택하는 것은 필시 생존과

'더 나은 세상'에 대한 꿈 때문일 터이다.

우리는 왜 새를 보는가?

이것은 곧 '우리는 왜 꿈을 꾸는가?'라고 묻는 것이다.

안강망 어선
춘덕호와
납북 어민

춘덕3호의 비극

음력 5월 조기 파송이 끝날 무렵, 칠산(七山)바다에 서 시작한 조기잡이가 연평도까지 올라왔다. 며칠 있으면 조기잡이도 작파다.

춘덕3호는 선원 아홉 명을 태우고 어항(漁港)이었던 문갑도에서 이른 새벽에 출항했다. 새우 어장으로 유명한 문갑도 뒷면을 지나 굴업도 연평산을 표지 삼아 연평어장으로 향했다. 배가 연평도 당섬에 도착하자 선장 이희철(당시 34세, 문갑도 출신)과 기관장 김종석(당시 30세, 전남 고흥 출신)은 고사를 지내기 위해 당산(堂山)으로 올라갔다. 섬에서 출발할 때 미리 준비한 백설기 한 시루와 약주를 들고 당산에 있는 임경업 사당으로 향했다. 당집에 도착한 후 백설기 시루와 조기 한 마리를 제단에 올리고 약주를 부어 따른 후 비나리를 했다.

"문갑도 춘덕3호 조기 잡으러 연평도에 왔습니다. 조기 백 동만 잡게 해 주시오."

한 동에 천 마리이니, 백 동이면 이루 헤아릴 수 없는 만선이었다. 비나리를 마치고 곧바로 출항 채비를 했다. 그해 1968년 5월 29일 새벽, 조기 작파를 앞둔 마지막 출어였다.

연평도 인근 사리골어장에 도착한 춘덕호는 곧 조업을 준비했다. 바다는 칠흑 같은 어둠에 싸여 앞이 보이지 않았다.

"아따, 당시에는 물 반 조기 반이었지. 그물이 붕 뜰 만치 많았어. 사람이 그물 위를 걸어 다닐 정도였다니까."

그런데 그날따라 조기가 올라오지 않았다. 휴어기도 아닌데 어장을 지키던 군함들도 보이지 않았다. 평소에 없던 일이라서 김종석 씨는 그날을 이상한 날로 선명히 기억하고 있었다. 당시 연평도어장에 그어진 휴전선은 드럼통을 부표 표지로 띄워 놓은 게 전부였다.

"어장에 가 보니, 그날따라 남측 군함이나 경비함들이 전부 철수했더라고. 이상한 일이었지, 조업 철이 끝난 것이 아니었는데. 곧 조업 개시를 해서 기관실에서 대기하고 있었는데, 누군가 뒤에서 머리를 딱 치는 거야. 뒤돌아보니 저쪽 인민군이 총부리로 겨누고는 두 손 들고 나오라고 지시하더라고."

기관실을 나와 갑판으로 올라오니 다른 선원들은 벌써 모두 머리에 손을 올리고 도열하고 있었다. 인공기가 펄럭이는 것을 보고는 나포되었다는 것을 짐작했다. 그때였다. 별안간 총소리가 났다.

"선원 중에 가장 젊은 전라도 화순에서 온 화장(火匠)이 도망치기 위해 바다로 뛰어들었는데, 저쪽 사람들이 총을 쏴서 아마도 죽었을 거야."

순간적으로 벌어진 일이라 영문도 모르는 채 그렇게 나포가 되었다. 그길로 북쪽 경비정에 예인돼 황해도 해주(海州)로 끌려갔다. 어둠에 잠긴 해주항에 들어서니, 춘덕3호 선원뿐 아니라, 끌려온 다른 남쪽 선원들도 많이 보였다. 보위부 군인들이 나와서 마중을 했다. 간단한 인적 사항을 묻고는 초대소라는 곳으로 이동했다.

초대소에서는 선장과 기관장과 일반 선원을 분리 수용했고, 각 방을 지키는 군인 한 명과 함께 생활했다. 초대소는 선원들로 가득했다. 1968년 그해에만 400여 명의 안강망 선원들이 어로작업 중에 납북되었다. 가끔 한밤에 창문으로 밖을 내다보면 석유 불이 들판에서 타고 있었다. 병충해를 없애고 벼를 수확하기 위해 피워 놓은 불이라고 했다. 자원이 귀한 시절이었는데 한밤중에 기름을 때서 병충해를 없애는 것을 보고는 마음 한편으로는 놀라기도 했다. 그때만 해도 북이 남보다 더 잘사는 것 같다는 생각이 불현듯 들었던 것도 그 광경을 목격하고 난 후부터였다.

초대소에서 평양까지 가서 여관에 묵으면서 공장 등 여러 시설들을 돌아보았다. 이른바 사상 교육이었다. 오전에는 사상 교육, 오후에는 북한의 발전상을 직접 견문하는 시찰 일정이 이어졌다. 그렇게 6개월쯤 흘렀다. 그러던 어느 날, "내일 남쪽으로 돌아간다"고 통고를 받고는 다시 해주항으로 와서 대기를 했다. 해주항에서 경비정으로 나포된 장소로 다시 돌아왔다. 바다 한가운데에 남쪽 경비정이 있었다. 타고 온 배는 수리를 해서 다시 돌려보내 주었다. 피랍된 지 6개월 만에 하 인천항으로 그렇게 귀항했다. 그때가 1968년 겨울이었다. 그해를 기 점으로 연평도 조기 어장은 폐쇄되었다. 무슨 연유인지 몰라도 더 이 상 연평도어장에서는 한 마리의 조기 씨앗조차 올라오지 않았다. 연평 도에 세워진 조기탑에도 1968년 이후 연평도에서 조기 한 마리도 잡 히지 않았다고 기록되어 있다.

1968년 11월 내무부는, 북측에 나포된 선원들이 지형지물, 경비 초 소의 위치 등 국가 기밀을 북한에 제공해 무장공비 침투를 도와준다는 판단에 따라, 남한 어선들이 어로 저지선과 군사분계선을 넘으면 수산 업법과 반공법을 적용해 모조리 구속한다는 방침을 발표했다. 엄혹한 냉동의 '겨울공화국'이라고 칭한 유신 독재가 다가오고 있었다.

고문과 반공법으로 15년

귀환 직후 춘덕호 선원들은 인천에 있는 경기도경 (현재 인천중부경찰서 자리)에서 북한에서의 행적에 대해 조사를 받고 곧 귀가 조치되었다. 춘덕3호의 비극은 그로부터 3개월 후에 시작되었 다. 어느 날 경기도경은 춘덕호 선장을 비롯하여 기관장, 갑판장을 간 첩죄로 체포했다.

"말두 마, 지하에 가둬 놓고 며칠 동안 잠도 안 재우고 고문만 했어."

김종석 씨는 인천 경기도경 지하실에서 전기 고문을 당한 그 당시를 생생하게 기억하고 있었다.

"지하에 내려가니까 유치장이 굉장히 넓더라고, 무슨 운동장만 한 것이."

당시의 기억만 하면 몸서리가 쳐졌다.

"빳데리(배터리) 선을 손톱 끝에다 끼우고 전기를 돌려 대는데 금세 죽을 것 같더군. 손톱이 새까맣게 타들어 가는 거야."

전기 고문의 위력은 혼절할 정도로 대단했다고 했다.

"차라리 병신을 만들면 좋지. 사타구니에다 전기선을 끼우고 빳데리를 돌리면 정신을 잃었어. 깨어나면 온몸에 물이 흠뻑 젖어 있더라고. 거기에다가 다시 다리에 곤봉을 끼고 고문을 했어. 한 명만 대라는 거야. 온몸이 다 타들어 가더라고."

북에 있을 때 협력한 사람들이 있느냐며, 선원 중 북측 사람들과 친하게 지낸 사람이 누구인지 한 명만 대라고 했다. 협박과 회유, 고문은 그렇게 며칠 동안 이어졌다. 고문이 어찌나 지독했던지, 당시 고문한 사람의 얼굴과 이름을 지금도 또렷이 기억하고 있었다.

"아따, 젊은 사람들이 무지막지하게 고문을 하더라고. 그 사람들 중에는 지금 높은 직책에 있는 사람도 있다고 들었어."

당시 연안부두에는 이름만 대면 알 만한, 간첩을 때려잡는 기술자로 통하던 몇몇 정보과 형사들이 있었다. 어떤 경찰은 선원을 간첩으로 신고하고 특진에다가 보상금을 받고 출세했다고 했다. 그때는 연안부두 바닥이 형사들에게는 특진을 약속받는 곳이었다고 했다. 형사들은 납북되었다 귀환한 선원들을 동향을 파악해서 내사한 후, 고문하여 간첩으로 허위 조작해 처벌했다. 가족과 생계를 위해 안강망을 타고 조업을 하다가 납북된 것이 죄라면 죄였다. 법 없이 살아온 선량한 선원들이 순식간에 간첩으로 내몰렸던 것이다.

"그때는 아무개가 북에 갔다 오면 다 간첩으로 몰았던 시절이었지. 억울하게 감옥살이한 뱃사람들이 어디 한둘이간. 고문에 버티지 못하고 다 허위로 자백했지, 살기 위해서."

김종석 씨의 처 김성례(69세, 문갑도 출신) 씨는 경찰서에 끌려가서 회유와 협박을 받아 가면서 형사들에게 취조를 당한 때를 또렷하게 기억하고 있었다.

"걱정 말라고 했어요. 간첩을 잡기 위해서 그런다고, 남편도 얼마 있으면 나온다고 시키는 대로 하라고만 했어요."

손사래를 치다가 김성례 씨는 남편이 북에서 귀환한 직후를 떠올렸다.

"남편이 북에서 온 후 얼마 지나지 않아 다시 새우젓 배를 타고 나갔어요. 어느 날 저녁 무렵이었는데, 애아버지 친구라며 문을 두드리는 거예요. 그러면서 애아빠한테 빌려 간 돈이라며 돈 봉투를 놓고 갔어요. 멀쩡하게 생겼고 차림새도 단정했어요. 친구라니까 의심 안 했고, 남편 편지라서 열어 보지도 않고, 가지고 있다가 남편이 새우잡이를 마치고 돌아왔을 때 줬죠."

어청도어장에서 돌아온 김종석 씨는 아내가 준 봉투를 열어 보았다. 그 속에는 당시로서는 큰돈이었던 30만 원과 편지가 들어 있었다.

"편지를 읽어 보니 당시 북한 초대소에서 함께 먹고 잔 북쪽 사람이었어요. 애로가 있으면 한월리(문갑도 지명) 미루나무 밑에다 쪽지를 남기라고, 도와주겠다고 했더라고요. 한참 고민하다가 섬 예비군 소대장에게 신고하기 위해 갔었죠. 마침 갠변에서 예비군 소대장을 만나서 그 사실을 알렸더니, 자신은 모르겠다면서 그냥 가더라구요. 신고해도 별 반응도 없고, 돈을 돌려줄 재간도 없고. 북에 있을 때 가족들은 양식 팔 돈도 없고, 생활이 곤란해 꾼 돈이 많았어요. 빚은 졌지, 견물생심 돈을 보니 욕심이 생기더라구요. 빚진 돈을 갚고 쌀을 샀죠. 요샛말로 눈먼 돈이라고 생각했던 거예요."

그 일이 있고 3개월 후에 섬이 발칵 뒤집혔다. 예비군 소대장이 김종석 씨 부부를 간첩죄로 신고를 했던 것이다. 마을에는 소문이 무성하게 나돌았다. '농밖에'(문갑도의 피난민들이 살던 곳) 집에 간첩이 나타나서 돈을 주었고 그 돈으로 쌀을 팔아 쌓아 놓았다고 했다. 간첩이 밤에 집집마다 다니며 수저와 신발 수까지 파악하고 갔다는 소문이 파다했다. 초등학교에서는 '국기에 대한 맹세', '국민교육헌장'을 전교 학생이 외웠다.

그러고는 얼마 후 부부 간첩이 사형당했다는 소문이 떠돌았다. 그렇게 섬사람들에게 김 씨 부부는 흉물스러운 '빨갱이'로 낙인찍혔다.

부부 간첩의 생지옥 삶

피랍 당시 포섭돼 간첩 교육과 특수 지령을 받고 귀환한 뒤 북한을 찬양 고무하고 국가 기밀을 탐지했다는 혐의로 김종석 씨는 15년, 그의 부인 김성례 씨는 간첩방조죄로 4년을 감옥에서 보냈다. 당시 부부 사이에는 1남 4녀가 있었고, 막내딸을 막 출산한 후였다.

"감옥에서 막내딸을 데리고 함께 있었어요. 그런데 나중에 아이를 데려갔어요. 고아원으로 보낸다고."

그녀는 눈물을 흘렸다.

"감옥에서 글씨를 배웠어요. 글씨를 몰라서 당했다는 생각을 했죠. 감옥에서 나와서 4년 만에 막내딸을 만났어요."

출소한 김성례 씨는 막내딸을 데리고 문갑도로 내려왔다. 먹고살 길도 막막하고, 섬에 두고 온 아이들도 있었다. 아이들은 친정 오빠들이 키웠다. 그러나 고향에서 얼마 버티지 못하고 다시 인천으로 나와야만 했다. 생계를 위해 닥치는 대로 막노동을 했다.

"지금도 고향 사람들의 눈총이 따가워요."

고향이 문갑도인 김성례 씨는 고개를 흔들었다.

간첩죄로 복역한 사람의 죗값은 생각보다 컸다. 한번 옥죈 간첩죄는 섬사람들에겐 공포스러운 이데올로기다. 덕적군도는 여전히 공포스러운 반공 이데올로기와 살고 있다.

"동네 사람들이 쉬쉬하면서 간첩 딱지가 붙은 나하고는 말도 안 해."

김종석 씨는 그때 받은 고문의 후유증으로 오른쪽 다리가 자유롭지 못하다. 지팡이를 짚어야만 겨우 거동이 가능하다. 해변을 산책하는 것이 거의 유일한 소일거리다. 저녁에는 다시 끔찍한 악몽에 시달리며 잠을 자야 한다. 고문으로 인한 통증은 날이 갈수록 깊어 갔다.

"저녁에 대문 단속을 꼭 해요. 누군가가 오면 어떻게 하나, 악몽에 시달리지요. 고문 후유증으로 온몸이 쑤셔."

북에서 사람을 보내오는 환영, 아니면 자신을 잡아가 고문한 자들에 관한 환영이 자꾸만 보인다고 했다.

"도경 수사과에서 고문당했지. 인천지검 '5호 검사'라고 했어. 고문한 자리 봐, 발톱이 새까맣게 탔잖아."

그는 바짓가랑이를 걷어 당시 고문의 흔적이라며 손가락과 발가락을 내보였다.

"몇 개월간 무지무지하게 고문했어. 사람이 아니라 짐승이지 뭐."

김성례 씨가 옆에서 거들었다.

"어떻게 지난 세월을 뚫고 왔는지, 지금도 생각하면 분통이 터지고, 이가 다 갈려요. 어떻게 아이들을 키워요. 친정도 도와주고 막노동하면서 겨우 입에 풀칠을 했죠. 잠을 안 재우고, 협박과 회유를 했어요. 조사관이 이미 작성한 서류에 지장을 찍으라는 거예요. 당시 나는 까막눈이라서 글을 읽을 줄도 쓸 줄도 몰랐어요. 조사관이 지장을 찍으면 남편이 일찍 나올 수 있다고 해서 손도장을 찍었죠."

그로 인하여 돌아온 것은 감옥 생활뿐이었다. 곧 나온다던 남편은 소식이 없었고, 나중에 감옥에 있다는 소식을 들었다.

"그 시절을 어떻게 다 말해요. 기억 속을 다 헤집어도 생각조차 하기 싫죠."

김종석 씨는 감옥에서 벽돌 쌓는 조적 기술을 배웠다. 사상범을 가두는 전주교도소에서 모범수로 15년간 복역했다. 1980년대에는 감옥에 젊은 대학생들이 많이 들어왔다 나가는 것을 그는 지켜보았다고 했다.

"이 사회가 젊은 사람들을 가두는 몹쓸 세상이라고 생각했지."

동병상련이라고 할까. 시국 사건으로 들어온 젊은 대학생들을 보니, 자신도 기가 죽을 일만은 아니라고 자위하면서 떳떳했다고 했다. 사형에서 18년형으로, 다시 15년으로 감형되어 만기를 채우고 1984년 감옥에서 출소했다.

"나 같은 사람에게 인권이 어디에 있어."

김종석 씨는 고개를 절레절레 흔들었다.

사회에 나와서 조적공으로 인천에서 얼마간 일을 했다. 15년간을 기다려 온 부인과 가족에게 미안했다. 집안은 풍비박산이 나고 말았다. 아이들은 제대로 교육받지 못했고, 뿔뿔이 흩어져 연락마저 끊긴 채 살았다. 감옥에서 키운 막내딸은 죽었다. 인천에서 조적 일을 하며 어렵게 딸들을 결혼시킨 후 늘그막에 부부는 고향으로 돌아왔다. 가진 것은 몸뚱이뿐인 초라한 귀향이었다. 원망스러운 고향이지만, 두 내외가 갈 수 있는 곳은 그래도 고향뿐이었다.

고향에서 김성례 씨는 반나절짜리 공공 근로 일자리를 얻었다. '섬 환경 지킴이' 일이다. 그나마 항상 있는 일도 아니다. 비가 오거나 짙은 해무가 끼는 날이면 이마저도 할 수 없다. 두 내외가 겨우 끼니만 해결할 수 있었다.

"자식들에게 미안하지요."

감옥에 갔다 와서도 제대로 된 일을 못해 생계는 곤란했고, 자식들 뒷바라지는 꿈도 꿀 수 없었다.

"지금도 생각하면 치가 떨리고 원통해요. 고초는 말할 것도 없고요."

김성례 씨는 이젠 당하고만 살지 않겠다며 앙다짐했다.

국가와 법이라는 '갑'

춘덕3호의 비극은 아직 끝나지 않았다. 유신 독재의
악령은 아직도 납북 어민은 물론이고 그 가족들에게 살아 있다. 당시
선원들과 그 가족들의 증언에 따르면 이 사건은 고문에 의한 거짓 자
백으로 처음부터 조작된 것이었다. 간첩죄와 연좌제 올가미로 이들의
삶과 인권은 철저히 유린당했다.

납북 당시 춘덕3호 선장 이희철 씨는 반공법으로 옥고를 치른 후 인
천 신기촌에서 목수로 얼마 동안 살다가 뇌출혈로 사망했다. 이웃들은
화병으로 죽었다고 했다. 그는 살아생전 평소에 "내 앞에서 마르크
스·레닌이라는 말을 꺼내지 마라"고 일침을 놓았다. 고문은 집안에서
필적 좋은 지식인 소리를 듣던 그의 영혼을 파멸시켰다. 세상사에 입
을 닫고 침묵한 채 죽어 갔다. 인간으로서 누릴 수 있는 모든 권리를
포기했다. 가족은 경제적 궁핍으로 내몰렸고, 연좌제로 직업조차 구할
수 없었다. 그의 부인은 시멘트를 나르는 막노동꾼으로 전전하며 살아
오다 지금은 신경통 등으로 거동이 불편한 상태다. 그의 3남 1녀 자녀
들 역시 제대로 된 교육을 받지 못한 채 막노동으로 어렵게 생활하고
있다. 안강망 어선의 선장으로 있던 그의 형제들 역시 더 이상 배를 탈
수가 없었다. 결국 생계를 해결할 수 없어 문갑도에서 모두 쫓겨나다
시피 인천으로 이주해야 했다. 연좌제로 집안이 파탄 나 버렸다.

갑판장 김종식(당시 44세) 씨 역시 감옥에서 나와 전기 고문 후유증에 시달리다 유명을 달리했다. 그의 둘째 아들 김용진(53세) 씨는 고향에 묻힌 아버지의 억울한 사연이 세상에 알려지기를 바란다고 했다. 간첩 누명으로 집안에서조차 따돌림을 당하는 일이 더 이상 없었으면 했다.

"아버지는 감옥에서 나온 뒤 고문 후유증으로 골병이 들어 고생하시다 일찍 돌아가셨어요. 국가가 일괄적으로 납북 어민 문제를 처리했으면 좋겠어요."

가족들은 납북 귀환 어민 관련 사건들의 진상 규명이 이루어지고, 재판을 통해 무죄가 입증되기를 바랐다.

"입이 있어도 법을 잘 몰라 어떻게 할 수 없었죠. 혹시 당하지나 않을까 노심초사하죠. 아마도 저와 같은 사람들이 많을 거예요."

실제로 덕적군도에서는 한 집 건너 납북 어민 없는 집이 없을 정도이다. 춘덕호 선장과 선원들은 북에 억류된 기간 동안 선주로부터 어떤 급여나 보상도 받지 못했다. 돌아온 것은 무지막지한 '반공법 위반'과 '연좌제'라는 딱지와 굴레뿐이었다. 어민들의 삶을 송두리째 빼앗아 간 국가 폭력이었다. 당시의 사건은 지난 50여 년 동안 금기의 판도라 상자였다.

납북 귀환 어부에 대해서 국가가 진상 규명과 보상이 있다고 했지만, 이들에게는 감감무소식이었다. 누구도 그에 관한 정보를 제공해 주지 않았다. 진상 규명을 위한 민원과 재판 역시 추진한 가족이 없다. 남은 가족들에게도 역시 국가와 법은 두려움의 대상이었다. 사돈의 팔

촌까지 옭아매는 연좌제의 공포는 당해 보지 않은 사람은 모른다고 했다. 대우자동차 파업 같은 시위가 확산되거나 시국이 불안해지면 정보과 형사들이 수시로 가족들을 감시했다. 죽어서도 '북'에서의 행적에 대해서는 그 어떠한 말도 하지 말아야 한다는 함구령이 곧 법이었다. 모진 고문은 공포와 좌절 그리고 강요된 침묵이라는 깊은 상흔을 이들의 삶에 남겼다.

노무현 참여정부 때 '진실·화해를 위한 과거사 정리 위원회'를 통해 납북 귀환 어민에 대한 재심 및 무죄 판결을 위한 조사 활동이 진행되었다는 사실을 이들은 전혀 알지 못했다.

"그런 제도가 있는 줄 몰랐어요. 알았다고 해도 또 무슨 일이 일어날까 봐 두려워 선뜻 신고도 하지 못했겠죠."

섬이라는 특수한 공간은 신속한 정보 공유와 공동 대응을 할 수 없게 하였다. 이들 가족들은 한결같이, "눈을 감기 전에 마지막 염원이 있다면, 간첩이라는 누명을 벗어 맺힌 원한을 푸는 것"이라고 했다.

덕적군도를 비롯하여 서해 5도 납북 어민의 가족들은 진상 조사와 명예 회복이 필요하다고 이구동성으로 말했다. 어로작업 중 납북 어민 수는 1955년 5월 28일 납북된 대성호 어부 10명을 시작으로 1995년 5월 30일 납북된 제86 우성호 선원들까지 포함해 총 3천696명에 이른다. 그중 3천269명이 돌아왔고, 현재 427명의 어부들이 귀환하지 않고 있다. 아직도 이들 납북된 어부들에 대한 진상 파악은 물론이고 귀환한 어부 중 반공법으로 감옥에 갔다 온 이들에 대한 복권이 이루어지지 않고 있다. 반공법과 연좌제로 사회를 통치했던 괴물이 아직도 청산되지 않고 있는 것이다. 생계를 위해 배를 타야만 했던 납북 어민들은 정치적 이데올로기의 희생양이었고, 국가권력은 아직도 이 문제에 대해 침묵하고 있다. 여전히 '갑' 행세를 하는 국가와 법이 그처럼 모르쇠로 일관하는 가운데, 이들 가족의 고통은 오늘도 현재 진행형이다.

굴업도에서
배우다

굴업도, 한 장의 엽서 사진

"굴업도는 인천 앞바다에 떠 있는 보석 같은 섬입니다."

백 마디 말보다 한 장의 사진이 주는 충격이 더 클 때가 있다. 인천 앞바다 '핵 폐기장 대책 범시민협의회'가 핵폐기물 처리장 사건을 널리 알리기 위해 고안해 낸 것이 우편엽서로 제작한 굴업도 사진이었다.

이 한 장의 사진은 서해의 오지 낙도인 굴업도를 세상에 알리는 계기가 되었다. 항공사진으로 찍은 굴업도는 험산인 덕물산(德物山)과 연평산(延坪山)의 위용이 정면에 드러나고 눈이 부신 목기미 해변과 멀리 개머리 초지가 원경으로 자리했다. 수평선 어름에는 새우섬이 희미하게 점처럼 떠 있다. 사람의 손길이 전혀 닿지 않은 듯한 섬의 자태

가 공개되자 사람들은 경탄을 금치 못했다.

"이런 섬이 우리나라에 있다니!"

한눈에 보기에도 굴업도의 전경은 그야말로 우리에게 잊혔던 오지의 땅이자, 사람의 손때가 묻지 않은 무공해의 땅 그 자체였다. 이런 섬에 핵폐기물 처리장을 짓겠다니. 사람들은 이구동성으로 고개를 저었다. 당사자인 덕적도, 문갑도, 울도, 백아도, 굴업도 주민들이 들고 일어섰다.

선조 대대로 일구어 온 터이기에 망설임이 없었다. 섬의 노인 분들이 머리띠를 두르고 인천까지 와서 시위를 했다. 덕적군도 주민이 이처럼 한목소리로 합심한 것은 아마 3·1독립만세운동 이후 처음일 터였다.

굴업도 핵폐기물 처리장 반대 투쟁은 1994년 12월 22일 정부가 굴업도를 최종 후보지로 선정 발표하면서 시작되었다. 덕적도 주민들은 그와 관련된 보도를 접하면서 심각성을 깨닫게 되었다. 정부에서는 500억 원이라는 기금을 준다고 홍보했지만, 곧바로 서포1리에서 반대 투쟁위원회가 결성되었다. 덕적군도 섬들에서 본격적인 반대 목소리가 일거에 한목소리로 터져 나왔다.

"덕적 면민 다 죽이고 핵 폐기장 건설하라!" "천혜의 황금 어장에 핵 폐기장이 웬말이냐!" "핵 폐기장 건설 반대!"

덕적 할아비의 호소

핵폐기물 처리장 건설 반대 시위는 덕적도과 인근 섬들인 문갑도, 울도 주민들이 참여하면서 거세게 불타올랐다. 덕적도 덕우회를 비롯하여 인천 시민까지 합세하면서 대대적인 반대 투쟁으로 번졌다. 이들은 굴업도가 핵폐기물 처리장 부지로 부적합하다는 것을 선전했다. 굴업도는 단층과 균열이 많아 불안정한 지질 구조를 가지고 있다며 위험성을 경고했다. 폭풍과 해일이 잦은 데다 암초 등으로 둘러싸인 굴업도로 핵폐기물을 실어 나르는 것 자체가 위험천만한 일이라고 목소리를 높였다.

섬 주민들의 핵 폐기장 반대 시위

　　"여러분, 굴업도를 드나드는 여객선 새마을호가 몇 톤급인지 아십
니까. 정확히 44톤이올시다. 그런데 핵 폐기장을 굴업도에 설치하려
면 2천에서 3천 톤급 선박이 접안하게 된다지 뭡니까. 새마을호 50
여 개 뭉친 크기올시다. 굴업도가 생겨난 이래 여지껏 새마을호보다
큰 배는 접안할 수 없었다는데…. 아무튼 굴업도 주변에 복병처럼
박혀 있는 암초가, 제발 나 박치기할 생각 말고 안녕히 오세요, 그럴
까요. 모래성 풀치는 감조엔 고래 등처럼 나왔다 들어갔다 하는 그
곳을 배 밑에 바퀴라도 달고 넘나들 겁니까. 모래를 퍼내신다고 하

셨던가요. 인천에 가져다 팔고 다음 날 그 자리를 보면 언제 퍼냈더냐 고스란히 고여 있을 터. 허허, 꿩 먹고 알 먹고 잘해 보슈. 주변에 장기 알처럼 놓인 암초며 섬들 때문에 굴업도 주변 물줄기가 빙글빙글 뱅글뱅글 돌고 돌면서… 모래를 떠들어다 이쪽저쪽 물줄기가 모여 짝짜꿍 치며 모래가 쌓이는 것이랍니다."(이도순, 덕적도)

섬에서 오랫동안 살아온 주민들이 나서 굴업도의 변화무쌍한 해양 생태를 알렸다. 암초와 풀등으로 이루어진 해양과 한 치 앞도 보이지 않

거리를 가득 메운 시위행렬

는 해무 현상을 지적했다. 조상 대대로 살아온 고향을 핵폐기물 처리장으로 팔아넘긴다는 것은 있을 수 없는 일이라고 이구동성으로 외쳤다. 반대 투쟁은 1995년 11월 30일 정부가 굴업도 핵 폐기장 지정·고시를 해제하겠다고 공식 발표함으로써 끝났다.

이 싸움은 삶의 터전을 지키기 위해 일치단결하여 투쟁한 덕적 주민들의 승리였지만 상처가 컸다. 섬 주민들이 찬성과 반대로 나뉘고 결국 섬 공동체가 사분오열되었다. 서로 등을 돌리고 깊은 상처를 입었다. 외풍이 내부의 분열을 낳았던 것이다.

굴업도에서 배우다

그런데 상처가 아물기도 전에 다시 터졌다. 이번에는 CJ그룹이 "서해 굴업도 관광단지 내 골프장 건설"을 발표하면서 주민들이 다시 찬반으로 나뉘었다. 굴업도는 수억 년 동안 자리를 지키고 있는데, 정작 사람들은 핵폐기물 처리장이다, 골프장이다 하며 자신들의 이익에 따라 섬의 운

광폭장 건설 반대를 위한 문화예술인들의 퍼포먼스(굴업도 남대문바위)

왕은점표범나비

명을 좌지우지하려 들었다.

굴업도는 산림청과 (사)생명의 숲이 '아름다운 숲' 대상으로 선정했을 만큼 자연환경이 빼어난 섬이다. 검은머리물떼새, 매, 먹구렁이, 애기뿔소똥구리, 왕은점표범나비 등 멸종 위기종과 천연기념물이 서식하고 있다. 목섬의 해식애는 천연기념물로 지정되어야 마땅할 정도로 경관이 뛰어나다. 섬 전체가 천연의 자연사 박물관이자 지질 박물관이라고 해도 부족함이 없다. 여기에 민어 파시로 이름을 떨쳤던 섬으로, 생활사 면에서도 그 의미가 남다르다. 그런 섬을 파헤쳐 골프장을 짓는다는 것은 섬의 역사와 '장소성'을 송두리째 파괴하는 행위이다.

그런데 굴업도 핵폐기물 처리장이나 골프장 건설 문제에서 보듯 덕적군도의 섬들은 항상 난개발의 위험에 노출되어 있다. 멸종 위기종의 피난처와 같은 섬들이 무분별한 개발로 특유의 자연경관을 파괴당할 운명에 처해 있다.

섬은 특수하다. 섬이 사유화되는 순간 공유 지면조차 사유화된다. 그로 인하여 섬 사유화는 곧 입도 자체를 막는 결과를 낳는다.

굴업도 핵폐기물 처리장과 골프장 건설 문제가 심각한 것은 섬 사유화가 가져올 공공성의 위기 때문이다. 굴업도 골프장 건설을 목적으로 섬의 98.5퍼센트가 사유화되었다. 이로 인한 문제의 심각성은 의외로 크다. 즉, 자본이 섬을 멋대로 파헤칠 수 있다는 위험성에 더하여, 섬의 출입이 막히는 것은 물론이고 그 주변 해역까지 사유화될 위험성마저 있다. 따라서 섬의 특수성에 맞게, 주민들 손에서 섬을 빼앗아 가는 게 아니라 그들과 섬을 공유하는 식의 비(非)사유화의 대상으로 섬을 바라볼 필요가 있다.

다행히 골프장 건설이 전면 철회(2014년 7월 23일)되었다. 하지만 언제 굴업도에 수난이 다시 닥칠지 모를 일이다. 분명한 것은, 개발보다는 섬을 섬답게 가꾸고 보존하는 쪽이 더 큰 이득이라는 지혜를 공유해야 한다는 점이다. 🖉

일본으로
팔려 간
굴업도 민어

　　굴업도가 핵폐기물 처리장이나 골프장 건설로 수난
을 당하기 전에 세상에 알려진 것은 민어 파시 덕분이다. 굴업도는
1910년 이래 민어 어장으로 유명했다. 덕적도 용담에서 문갑도 뒷면,
각흘도 근방, 백아도에서 울도 뱅이어장에 이르는 어장에 민어가 든다
는 말이 삽시간에 퍼지자 전국 각지는 물론이고 일본, 중국에서조차
배들이 찾아들었다. 인천 앞바다에서 잡히는 아이만 한 민어는 비싼
가격에 팔렸다. 일본에서는 주로 고급 어묵의 재료로 쓰였다.

　"지금도 목기미 해변에서 동섬으로 가면 그때의 흔적이 남아 있어
요. 민어를 절이고 새우를 삶던 '독깡'이라는 어항이 있죠. 원래는 일
본 사람들이 만들었다가 나중에 굴업도에 입도한 주민들이 다시 사
용했어요. 굴업도에 주민이 입도한 것은 1910년대인데, 당시에는 운

반 수단이 발달이 안 돼서 시멘트로 탱크를 만들어 민어를 절였어요. 그것을 어항이라고 하는데, 아침 일찍 염장을 한 민어를 어항에서 꺼내서 바닷물에 씻어 말려야지 맛이 있어요. 뜨거운 바윗돌 같은 데에는 민어를 못 둬요. 상하기 때문에. 그래서 이른 아침부터 온도가 올라 뜨거워지기 전에 작업을 해서 널어놓았어요."(이장용, 굴업도)

민어는 선어(鮮魚)로도 그 맛이 일품이지만, 염장을 해서 말린 고기는 맛이 더 좋아 비싼 값에 나갔다. 고기 자체가 버릴 것이 없었다. 탕이면 탕, 전이면 전, 찜이면 찜, 선어 회도 최고로 쳤다. 당시에는 냉장 시설이 발달하지 않은 탓에 선어 회로 먹을 수 있는 어종은 민어, 병어, 간재미 정도였다.

"어린아이 키만 한 민어가 깃대가 보이지 않을 정도로 잡혔지."

울도, 백아도, 문갑도, 굴업도 등 인근 섬의 노인들에게 민어는 빼놓을 수 없는 이야깃거리다. 음력 6~8월에 무진장 올라왔다.

민어는 우리나라 서남해는 물론이고 황해, 발해, 동중국해 등에서 서식한다. 여름에 서해에서 산란하고 찬 북서풍이 불기 시작하는 11월경에 제주도 남방으로 내려간다. 월동 회귀를 하는 것이다. 수심 깊은 면바다인 제주도 인근이나 임자도, 가거도, 추자군도가 월동지이다. 그러다 봄이 되면 서서히 북상하기 시작하여 신안 앞바다와 칠산어장을 거쳐서 덕적도 등지의 산란지를 찾아 회유한다. 북쪽으로는 연평도, 진남포, 평안도, 압록강까지 회유한다. 조기와 함께 황해를 대표하는 터주 물고기이다. 민어는 주로 모래나 갯벌이 형성된 곳에서 산란한

굴업도 연평산에서 바라본 목기미 해변. 목기미 해변은 민어 파시가 열렸던 곳이다.

다. 산란기는 7~9월(음력 6~8월)로 주로 덕적도와 장봉도 사이 만도리어장, 덕적도 용담과 각흘도 사이, 장구도, 울도 뱅이어장 등에서 산란한다. 한여름에 대통을 바다에 꽂고 들으면 민어 떼가 "뿌억 뿌억"

소리를 내며 대이동을 하는 소리가 한여름 개구리 우는 소리마냥 시끄러울 정도였다. 덕적도 근방에서 잡힌 민어가 대략 어린아이 키만 하다고 한다. 5~6년생이 60~70센티미터 정도이니, 10년 이상 자란 민어는 1미터가 넘었다. 민어의 먹이는 주로 새우, 게와 두족류(頭足類)인 갑오징어, 조개, 꼴뚜기류 등이다. 이곳 어장이 새우로 유명하니 민어의 산란장으로는 으뜸이었다. 산란기인 7~9월의 덕적도 인근은 민어에게는 어머니의 자궁과 같은 고향이었던 셈이다.

"민어가 잡히면 안강망 틀이 공중으로 붕 떠, 이 남산만 하지. 그물을 치고 기다리다 보면 어떨 때는 시끄러워서 잠도 못 자. 얼마나 울어재끼는지." 민어잡이를 나갔던 뱃사람들은 지금도 당시를 떠올린다.

민어의 울음소리는 부레에서 나는 소리다. 개구리 울음소리와 흡사한 민어 울음. 안강망 틀을 가지고 조업을 나가 밤을 지새우는 날이면 교미기에 나는 특유의 소리에 밤새 잠을 설쳤다. "뿌억 뿌억" 하는 소리는 곧 민어 떼가 출몰했다는 소식이었다.

"반갑지."

이 한마디면 족했다. 민어 울음은 삼복더위 한가운데에 왔다는 기별이었다.

"조기는 섬에 진달래가 피기 시작할 때고, 민어는 삼복더위에 났어."

민어의 한자는 '民魚'로 '백성의 고기'이다. 크기에 따라 치어는 민초, 30센티미터 내외는 홍치, 손바닥 크기는 불등거리, 두 뼘 반 내외는 보굴치, 세 뼘 반 전후는 상민어, 네 뼘 이상은 개우치 등으로 불렀다. 소금에 절이면 수컷은 수치 암컷은 암치(岩峙)라고 불렀다. 어류학자 정문기(鄭文基, 1898~1995)에 의하면 전라도 법성포에서는 30센티미터 내외의 것을 홍치라고 했고, 완도에서는 불등거리라 했다. 인천 상인들은 크기에 따라 보굴치-가리-어스래기-상민어-민어라고 불렀다. 평안남도 한천(漢川) 지방에서는 민어 새끼를 민초라 불렀고, 전남 지방에서는 민어를 특대인 경우 개우치, 소금에 절여 말린 수컷 민어는 수치라 불렀고, 암컷은 암치라고 불렀다. 경기도에서는 어스래기, 가리, 보굴치, 암치어라고 했다. 이처럼 민어가 다양한 별칭으로 불린 것은 그만큼 대중적인 어종이었기 때문이다.

 민어는 대개 일본으로 수출했다. 배 선창에서 염장을 하거나 건어로 만들어 가져갔다. 1930년대 일본인들이 편찬한 『목포부사(木浦府史)』를 보면 민어를 염장해서 건어물로 만들었다는 기록이 나온다. 민어가 잡히면 일단 염장 보관하여 나중에 굽거나 찜을 해서 먹었다. '임' 자 옆에 소금 염(鹽) 자 훈을 붙인 걸 보면 소금에 절인 민어를 '임치'라 불렀던 모양이다. 그 당시에 우리나라에서는 활어를 먹지 않았다. 회라면 주로 선어 회였다. 어장에서 얼음에 재운 신선도 좋은 물고기를 선별해 선어 회로 먹었다. 민어와 병어를 주로 먹었다. 간재미도 쫄깃한 씹는 맛이 일품이었기에 뱃사람들이 선호하던 횟감이었다. 조선 사람들은 주로 건작(乾作)한 물고기를 찜을 해 먹거나 탕을 끓여 먹었다. 말린 민어를 찌면 뽀얗게 물이 우러나와 민어탕은 기력이 떨어졌을 때 보양식으로 그만이었다. 또한 제사상에 조기와 함께 민어가 올랐다.

 『한국수산지(韓國水産誌)』 제1집(1908)에 민어 어업의 실태가 소개되어 있다. "민어는 서남해에 많고 동해에 이름에 따라 점차 감소하여 강원·함경도 연해에 이르러서는 거의 볼 수 없다"고 밝히고 있다. 어장은 "완도·진도·태이도(苔耳島)·칠산탄(七山灘)·격음열도·인천·진남포·연평열도·압록강이고, 가장 주요한 어장은 목포 근해 태이

목기미 해변의 파시 흔적, 일제 야마구치 그릇

도, 금강 강구(江口), 군산 근해 및 압록강 강구"라고 적고 있다. 또, 태
이도는 예로부터 민어 산지로 유명하였고 우리나라 사람은 각종 재래
식 어구로 어획하고 있었는데, 1906년에 일본 어민이 안강망을 사용

하여 큰 성과를 거둔 뒤 안강망 업자들이 속속 들어와서 그 어선 수가 40여 척에 달하였다고 한다. 염장하거나 말린 민어는 조기만큼 좋아하는 식품으로 음력 7월의 관월제(觀月祭)와 8월의 우란분[盂蘭盆: 하안거(夏安居)의 끝 날인 7월 보름날에 행하는 불사(佛事)] 때는 조기와 함께 사용하는 풍습이 있어 그 판로가 매우 넓고 값도 싸지 않았다고 한다.

굴업도
시

1

황해수 구비 속에 낚싯대를 드리우고

물새도 벗을 삼아 소견세월(消遣歲月)하였으니

아마도 한산사(閑散士)는 나뿐인가

2

섬 속에 역일(曆日) 없어 시절조차 몰랐더니

자하동(紫霞洞) 궂은비에 새 움이 터 오른다

아마도 이 땅 위에 봄 오신 듯

3

풍진(風塵)에 고달픈 몸 선경(仙境)을 몰랐더니

찬미성(讚美聲) 두어 곡(曲)에 정신이 새로워라

한(恨) 많은 이 세상에 태평건곤(太平乾坤)

—백운당 오지섭, 「굴업도 이 공(李公)께」 전문

　덕적군도 일대에 섬 선교사로 유명한 백운당 오지섭 목사가 1952년
진달래가 필 무렵인 4월 10일 굴업도로 전도 여행을 가서 그곳 주민인
이재공 씨에게 헌사한 시다. 선가풍의 이 시는 물새와 벗을 삼고 강태
공처럼 황해에 낚싯대를 드리운 굴업도 섬 주민인 이재공 씨의 모습을
그리고 있다.

　달력조차 없이 문명과 단절된 고립된 섬에서 살아가는 섬 주민을
'한산사'로, 굴업도를 '선경'으로 표현하고 있다. 오 목사는 「굴업도 문
공(文公)께」라는 또 다른 한시에서도 굴업도를 노래하고 있다.

德村西瑞落月邊(덕촌서서낙월변)

積善修道爲其本(적선수도위기본)

掘採東園不老藥(굴채동원불로약)

業得西海珊瑚寶(업득서해산호보)

島峰常留蓬萊雲(도봉상류봉래운)

文筆欲寫龍宮景(문필욕사용궁경)

順隨天命作仙隣(순수천명작선린)

一等江山安息處(일등강산안식처)

서해 섬 중 서쪽 끝 달 지는 곳에

수도하며 사는 곳

동산에서 불로약 캐고

바다에선 산호 보화 캐내고

산봉우리엔 봉래산 오색구름 맴돌고

붓을 들어 용궁 그림 그리고저

순수천명 신선과 이웃하여

은둔 안식할 곳 여기라.

　—「굴업도 문 공(文公)께」 전문

　이 시에 단 주(註)에 "굴업도는 옛날 진시황 때 방사 서시(方士徐市)
가 지나간 곳이라는 전설이 있는 선지(仙地)이다"라고 부기되어 있다.
'덕적굴업도문순일(德積掘業島文順一)'을 두운으로 취해 문순일 씨에
게 헌사한 시다. 바다에서 산호 보화를 캐고 신선과 이웃하며 살 만한
곳으로 굴업도를 "일등강산 안식처"라 표현한 것이 이채롭다.
　굴업도에는 1917년 덕적도 벗개 사람이 처음으로 입도했다고 알려
져 있다. 연평산이나 덕물산 주변 바다에서 민어가 많이 잡혀 정착하
게 되었다. 입도 전에도 동섬과 큰마을과 개머리 초지 등에 화전민이
살았던 흔적이 있었다고 한다. 개머리 초지에서 야생으로 자라는 팥과
녹두 등을 한 가마니를 추수했다고 하며, 동섬에는 일본인들이 민어
염장에 사용했을 어항이 있었다고 한다. 그 후 1930년대 들어 덕적도

서포리와 용매도에서 나와 백아도에서 살던 주민이 입도해 소와 토끼를 키우며 살았다. 갈매기와 물떼새들만이 울던 한적한 섬마을이었던 것이다. 그랬던 굴업도가 오늘날 핵 폐기장과 골프장 건설 문제로 거듭 몸살을 앓는 섬이 되고 말았다.

굴업도
지명
이야기

　　"저 산은 사자를 닮았으니, 사자봉이라고 하는 것은
어때요?"

　섬들을 자주 가다 보면 지명 붙이기를 하는 사람들이 있다. 굴업도
도 마찬가지다. 한번은 굴업도 동섬에 있는 연평산(延坪山)의 지세를
보고는 '사자봉'이라고 하면 어떻겠냐고 제안하는 이가 있었다. 지명
이 촌스럽다는 게 이유였다. 하기야 섬 여행객들은 이미 굴업도의 목
섬을 토끼섬, 남대문바위를 토끼바위라고 불러 왔다. 이를테면 별칭인
데, 그런 별칭이야 상관없겠지만 고래로 전해 온 지명을 촌스럽다는
이유로 여행객들이 고쳐 짓는다는 것은 섬사람들로서는 내키지 않는
일이다.

　　"목섬은 지금 사람들이 토끼가 쪼그려 있는 모양이라고 해서 '토

끼섬'이라고 하는데 원래는 '목섬'입니다. 사람 목마냥 가느다래서 목섬이라고 했는데, 인근 섬에도 목섬이 많아요. 본도에서 떨어져 나온 조그만 섬들이 대개 목섬이라는 명칭을 가지죠. 어떤 사람은 자라가 기어가는 형상이라고 해서 '자라섬'이라고도 했는데, 핵 폐기장 반대 시위 때 유인물을 보면 전부 자라섬이라고 했어요. 토끼섬은 장구섬 가까운 데 있어요. 제멋대로 붙였죠. '남대문바위'도 마찬가지예요. 그 바위는 어느 방향에서 보느냐에 따라 다른데, 어떤 사람은 장군이 칼을 든 형상이라고 해서 '장군바위'라고 하고, 어떤 사람은 홍예문 닮았다고 해서 어떤 잡지에 '홍예문바위'라고 명칭을 붙였어요. 지명을 외지에서 들어온 사람들이 마구 붙이는데, 예로부터 '덕적에서는 아는 체 말라' 했어요. 지명이라는 게 본래 연고가 있기 때문에 나온 것이지 그냥 나온 게 아니에요. 선조들이 붙인 이름에는 다 이유가 있어요. 토끼섬은 목섬이 되어야 하고 코끼리바위는 남대문바위가 되어야 해요. 목섬은 어렸을 적에 자주 갔더랬어요. 서 만날이면 '물메기'라고 해요. 아침물이 들어오거나 저녁물이 들어와 목섬에 건너가는데, 여기 사람들은 '물메기 들어왔다' 해요. 고기가 잘 잡히고 굴도 많고 낚시도 잘되고 하는 곳이죠. 목기미 가면 남대문바위 가기 전에 '장불'이라고, 해변 명칭이 있어요. 장불이라고. 그곳은 '지주장불'이 아니라 '제주장불'입니다. 원래는 제주도 해녀들이 여기서 둘이 묻혀 있었어요. 해산물을 잡다가 돌아가셨죠. 그래서 여기 사람들은 제주장불이라고 해요."(이장용, 굴업도)

남대문바위

섬 지명에는 그에 얽힌 이야기가 있다. 섬 생활과 문화가 그 안에 녹아 있다. 대개 이들 지명은 고된 섬 생활과 연관이 깊다. 그 길을 따라가면 땔나무나 갯티로 가는 길로 이어진다. 나물이 많이 난다 하여 '채나무골'이라고 하며, 소가 빠져 죽었다고 해서 '소낭떨어지'다. 생활이 곧 지명을 만든다. 대대로 이어져 온 것이다.

덕물산(德物山)과 연평산은 어장을 가리키는 방향의 의미가 있다. 지세(地勢)상 연평산은 연평도를 향해 있고, 덕물산은 덕적도를 향해 있어 이런 지명을 얻었다. 뱃사람들에게 연평산과 덕물산은 어장 가는 방향을 지시하는 나침판 같은 역할을 한다. 이런 유서 깊은 이름들을 무시하고 새 이름을 붙이는 것은 잘못이다. 섬사람들의 고된 노동과 생활이 녹아 있는 장소를 지우는 일이다.

코끼리바위, 장군바위 등으로 불리는 남대문바위에는 굴업도 섬사람들의 동경이 담겨 있다. 수학여행조차 호사였던 시절, 남대문바위는 서울이라는 문화지리를 상상하는 표상이었을지 모른다. 한때 굴업도에 있었던 굴업초등학교에서 소풍을 갈 때에는 남대문바위로 갔다고 하니 아주 틀린 말은 아닐 성싶다.

섬 지명에는 그 섬만의 생활문화가 깃들어 있다. 제멋대로 이름을 붙여서는 안 된다. 원래의 이름을 살리는 것이야말로 섬에 제자리를 찾아 주는 일이다. 🖉

무인도를
찾아가다

서만도와 동만도

　　　　장봉도(長峰島) 인근에는 무인도가 많다. 날가지도, 아염, 사염이 있고 서만도(西晩島), 동만도(東晩島) 등이 흩어져 있다. 이들 무인도는 철새들의 주요 번식지이자 낙원으로 알려져 있다. 장봉도 사람들이 둘을 합쳐 양만도라 부르는 서만도와 동만도는 천연기념물 361호로 지정된 노랑부리백로를 비롯하여 저어새, 검은머리물떼새, 괭이갈매기, 가마우지 등의 산란지이자 서식지로 유명하다. 인근에 풀등과 드넓은 갯벌이 형성되어 있어 새들의 먹이인 새우, 콩게, 칠게, 갯강구 등이 풍부하기 때문이다. 장봉도 갯벌은 해양 생태 환경이 뛰어나다. 해양수산부는 2003년에 이곳을 습지보호지역으로 지정했다. 철새들이 인간의 간섭을 받지 않고 양질의 먹이를 얻을 수 있는 천혜의 환경을 갖춘 곳이다.

'검정색 얼굴에 숟가락 부리(black-faced spoonbill)'라는 칭호를 가진 저어새는 멸종 위기 야생 동식물종 1급이자 천연기념물 205호로 지정되었다. 세계적으로 2천700여 개체에 불과한 국제적 멸종 위기종이다. 저어새의 분포는 동북아시아에 국한되어 있다. 한반도 서해, 중국의 요령성 및 러시아 남연해주 지역의 무인도에서 번식하고 겨울에는 우리나라 제주도, 일본, 중국, 대만, 홍콩, 마카오, 베트남, 필리핀 등지에서 집단으로 월동하는 것으로 알려져 있다. 저어새는 먹이가 풍부하고 갯벌이 드넓게 펼쳐진 배후를 가진 인천 남동공단 유수지를 비롯하여 영종도 북단 및 강화도 인근의 무인도 등지에서 집단으로 서식하고 있다.

노랑부리백로 역시 멸종 위기 야생 조류종 1급으로 지정(2004년)하여 보호하고 있다. 한반도를 찾는 여름 철새로, 봄부터 가을까지 서해안 갯벌 지대에서 관찰된다. 전 세계에 2천~3천400개체 정도가 생존하는 것으로 추산하고 있으나 서식지 파괴로 그 수가 점차 줄어들고 있다. 그중 대부분이 한국 서해안의 무인도에서 번식한다. 우리나라 서해안 일대 섬들(동만도, 서만도, 장구도, 어평도, 목도, 칠산도)을 비롯하여 중국 해안의 섬, 러시아 동남부 일대의 섬에서 번식을 하고 필리핀을 비롯하여 태국, 말레이시아 등 동남아시아 일대에서 월동을 한다. 6월 무렵 갯벌 위로 비행하는 노랑부리백로의 모습은 한마디로 입이 딱 벌어질 만큼 우아하다. 흰빛 양 날개를 펼치고 유유하게 갯벌과 번식지를 향해 날아가는 자태가 예사롭지 않다. 청미래덩굴이나 칡덩굴

새들의 천국 서만도

에 소사나무 가지로 둥지를 만들어 알 품기를 하는 모습을 볼 수 있다. 특히 서만도는 노랑부리백로의 집단 번식지 특정 도서로 지정(2000년)하여 보호하고 있다.

지구상에서 조류는 3.6년당 1종 내지 1아종의 비율로 멸종한다고 한다. 노랑부리백로 역시 머지않아 멸종할 운명에 처해 있다. 서만도와 동만도에 철새가 많은 것은 무인도라는 천혜의 조건에 더하여 풍부한 먹이의 공급원인 습지가 발달해 있기 때문일 터이다. 그러나 최근에는 대규모 토사 채취 광업권이 인가되면서 이 일대 갯벌이 크게 훼손될 위기를 맞고 있다. 서식 조건의 보호 및 관리가 되지 않아, 그나마 노랑부리백로의 서식지 중 하나였던 장구도에서는 번식을 포

노랑부리백로(사진: 옹진군청)

기했다고 한다. 번식기에 산나물 채취 등을 목적으로 사람들이 빈번히 드나들게 되자 다른 서식처를 찾아 이동했기 때문이다.

새의 이동은 생존 조건을 찾아가는 인간의 이주 행위와 크게 다르지 않다. 멸종 위기종 관리 실태를 정확히 파악하여 제대로 보전할 수 있게 되기를 고대한다. 특히 서해안의 무인도들 중 다수가 사유지로서 끊임없이 개발 압력에 시달리고 있는데, 그로 인하여 멸종 위기종의 번식지가 파괴되는 것은 몹시 안타까운 일이다. 모래 채취 등 무분별한 개발의 방지와, 무인도 같은 특정 도서의 관리가 절실한 이유다.

만도리어장과 해선망

장봉도에는 예로부터 인어 이야기가 구전되어 온다. 옛날 이곳 장봉도 인근에서 인어(人魚)가 잡혔다고 한다. 어부는 인어를 영물이라고 귀하게 여겨 바다에 다시 놓아주었는데, 그 후로 물고기가 많이 잡히기 시작했다는 전설이 내려온다. 장봉도 가까운 만도리어장의 풍어를 바라는 마음과 관련이 깊은 이야기이다.

장봉도의 어업조합은 한때 위세가 대단했다. 우리나라 3대 어장으로 불리던 만도리어장을 비롯하여 덕적도 부근 풀치에서 민어가 수없이 잡혔다. 염장이나 건작을 해서 일본으로 수출했다. 새우도 무진장 들었다. 건새우로 만들어 역시 일본이나 중국 등지에 수출했다. 진촌 해변을 비롯하여 자갈밭이 있는 바닷가에 새우를 말리는 독깡이 만들어지고 건새우가 지천이었다.

장봉도 인어상

　강화도 남단에 있는 장봉도는 갯골이 발달해 조석 간만의 차이가 심한 곳이다. 빠른 조류를 이용하는 안강망과 해선망(醢船網), 건간망(建干網) 등의 조업이 일찍부터 발달하였다. 연평도어장, 뱅이어장과 함께 경기만 일대에 황금 어장으로 알려져 있다. 이곳은 한강, 임진강, 예성강 등을 통해 유입되는 담수가 황해의 해수와 합류하는 하구로 어족 자원이 풍부하다. 갯벌에 유기물과 토사가 유입되어 해양 생태 환경이 뛰어나다. 이들 갯벌이야말로 풍부한 수산 생물의 생산 공장이자 어류가 군집하는 중요한 장소이다.

　그런 까닭에 이곳 장봉도 일대에서는 새우를 비롯하여 곤쟁이, 실치 등이 많이 잡혔다. 옛날에는 교통이 불편해서 저장 어업이 발달했다. 새우는 것을 담거나 말렸다. 문헌에 '자하(紫蝦)'라고 기록된 보라색을 띠는 곤쟁이로는 곤쟁이젓을 담갔다. 곤쟁이젓은 자하젓이라고 했는데, 따뜻한 밥에 곰삭은 곤쟁이젓을 얹어 먹는 맛은 일품이었다. 생곤쟁이는 물회로도 먹었다. 거기에 곤쟁이젓국으로 끓인 두부전골도 일품이다. 큰 농어, 민어가 걸리면 째서 자반으로 하거나 말려서 저장했다. 1970년대에는 실치 조업을 했다. 만도리어장을 비롯하여 장봉도 주변에서 실치가 엄청 잡혔다. 충남 당진이나 서산 삼길포(三吉浦)에서 실치 조업법을 배워서 봄철에 실치잡이를 했다. 4월 중순경에 시작했지만 지금은 하지 않는다. 1992년 영종도 공항 건설을 위한 매립으로 배들이 어업 보상을 받고 더 이상 조업을 하지 않아 실치 작업도 끝났다.

만도리어장은 1, 2월에는 조업을 하지 않는다. 보통 음력 정월 이후 엿샛날부터 조업을 시작한다. 장봉도의 독특한 어로작업 중 하나가 '고'를 이용한 해선망 조업이다. 3월부터는 어장에 '고'를 박는데, 그때 해머로 돌 깨는 소리가 바닷가에 가득했다. 고는 일종의 고정식 닻이다. 닻이 없던 시절에는 고를 만들어 닻 대용으로 썼다. 고는 장딴지만 한 참나무를 열십자로 엮은 다음 굵은 와이어를 꼬아 사방을 거미줄 방석 모양으로 만들었다. 참나무를 사용한 것은 두껍고 잘 가라앉기 때문이다. 이렇게 만든 고를 배로 실고 가서 해선망 위치를 잡은 다음 물때에 맞춰 어장 바닥에 고정시켰다. 고가 자리를 잡으면 무동력선으로 돌을 실어 와서 고 주변에 돌을 쏟아부어 고를 고정시켰다. 물살이 세면 고가 자리를 잡지 못하고 떨어져나가는 일도 많았다. 이렇게 고를 설치하면 비로소 해선망이 자리를 잡고 새우잡이를 할 수 있었다. 장봉도에서는 1980년 초까지 고를 사용했다. 안강망 어선들이 사용하는 쇠닻이 나온 후에 비로소 사라졌다.

고를 닻으로 하여 어로작업을 하는 해선망 배를 장봉도에서는 '곳배', '고철배'라고 한다. 스스로 움직일 수 없는 배라는 뜻으로 '멍텅구리배'라고도 한다. 고정식 조업을 통해서 하얀 새우인 '배태기'를 비롯해 곱창새우라고 하는 꽃새우를 잡았다. 더러는 바닷가재, 쪽 등이 그물에 올라왔다.

용유와 장봉 사이에 있는 만도리어장에서는 사시사철 물고기가 올라온다. 봄에는 주로 갑오징어가 올라온다. 동만도 만도리어장에서는 4월부터 건어잡이를 했다. 운반하기 어려워서 잡은 물고기를 처리했는데, 이를 까나리장이라고 한다. 장봉도 까나리는 백령도와 다르다. 웅어처럼 생긴 것을 장봉도에서는 까나리라 한다. 등푸래기(밴댕이 새끼, 전어를 닮은 자구리 사촌이라고도 했다. 통영에서는 디포리라고도 한다), 멸치 등도 잡혔다.

4월~5월 초에는 실치를 잡는다. 모기장처럼 생긴 그물을 사용한다. 실치 조업이 끝나면 6월 15일

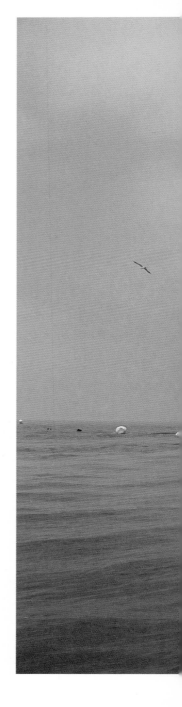

만도리어장 |

경부터 병어, 밴댕이 잡이를 하는데 장마철까지 한다. 8월은 휴어기이다. 9월부터는 추젓용 새우를 잡기 시작한다. 9월 지나면서 새우젓이 끝나면 '강다리'를 잡는다. 강다리는 어류 말린 것을 이르는 말이지만 '잡어'를 통칭하는 의미로 쓰인다. 여러 종류의 잡어가 같이 올라오면 이를 통틀어 강다리라 한다. 강다리에는 웅어, 돌치(백조기), 풀치(갈치처럼 생긴 물고기), 삼치, 황색이, 망둥어 등이 있다. 웅어는 장마가 끝나고 8월부터 민물기가 많으면 잡히기 시작한다.

10월에는 보리새우가 잡힌다. 장봉도에서는 보리새우를 '봉지'라고 한다. 봄철에는 산란 때문에 보리새우가 크다. 11월에는 김장 새우인 '동백하(冬白蝦)'가 잡힌다. 추울 때에는 조업을 끝내고 그물을 쳐서 망둥어, 보리새우, 숭어 새끼인 모치를 잡기도 한다. 1월까지 그물을 쳐서 잡았다.

어업조합 건물과 푸른학원

장봉도는 장봉도와 동만도 사이의 새골, 서만도와 신도(信島) 사이의 중골, 신도 주변 만도리어장을 끼고 있는, 우리나라 3대 어장으로 불리던 곳이었다. 이곳에서 잡힌 민어나 새우는 전량 일본으로 수출했다. 어업조합이 무의도, 영종도, 장봉도 등지에 설립된 것도 만도리어장에서 나던 풍부한 어족 자원을 일본으로 가져가기 위해서였다. 장봉도에는 1930년대 어업조합으로 사용한 건물이 남아 있다. 지금은 신용협동조합 부속 건물로 사용하고 있다.

이 건물 중에서 사택은 쇼와(昭和) 11년과 12년에 지어졌다. 그중 일본인이 사용한 사택은 1936년인 쇼와 11년에 상량보가 올라갔고, 한국인이 사용한 사택은 쇼와 12년(1937년)으로 기록되어 있다. 1937년이니 한창 중일전쟁을 치르던 때이다. 증언에 의하면 어업조합으로 사용된 본 건물은 1930년대 이전에 지어진 것으로 추정된다. 이곳 태생의 섬 주민 말에 따르면 이 건물은 6·25전쟁 때 좌익들이 처형된 무시무시한 곳이었다고 한다.

그런데 이 어업조합 건물에는 곡진한 사연이 있다. 이곳은 한때 무교회 운동을 펼쳤던 송두용(宋斗用, 1904~1986) 선생이 세운 푸른학원의 사택으로 사용한 건물이다. 사연은 이렇다.

우치무라 간조(內村鑑三, 1861~1930)를 사사(師事)한 송두용 선생이 말년에 무교회 운동을 펼친 곳이 장봉도다. 그는 이곳에서 가난한 곳 배 어부의 자식들에게 배움의 길을 열어 주었다. 1968년에는 송두용 선생이 이 건물을 인수해서 푸른학원을 설립했다. 송두용 선생은 일평생 우치무라 간조가 주창한 무교회 신앙 운동을 펼쳤던 분이다. 그는 일본 유학 시절에 우치무라 간조에게 성서를 배웠다. 한국으로 돌아와서는 김교신(金敎臣), 함석헌(咸錫憲) 등과 《성서조선(聖書朝鮮)》을 발행하기도 하였으며, 1942년 3월 '성서조선 사건'으로 감옥을 다녀오기도 했다. 1927년 이후 한국 사회의 소수자 신앙의 기원으로 무교회의 에클레시아(ekklésia)가 장봉도에서 꽃피었다는 것은 놀라운 일이었다. 1930년에는 오류동에 오류학원(梧柳學院)을 창설하여 해방 후에까

옛 푸른학원(현 푸른신협) 건물

지 소학교 교육을 했다.

1968년에는 낙도인 장봉도에 들어와서 중학교 과정인 '푸른학원'을 세웠다. 일종의 대안학교였다. 간척을 하고 갯벌에 종패를 뿌려서 자립 기반 마련을 꿈꾸기도 했으며 신용협동조합을 만들기도 했다. 정식 인가를 받지 않은 학교였기 때문에 이곳 출신은 중학교를 졸업하고 풀무학원에 진학하기도 했다. 주로 곳배를 타던 어부의 자녀가 입학했고, 선주 자녀들은 인천 등지로 나가서 교육을 받았다. 푸른학원을 세운 송두용 선생은 낙도의 아이들을 위해 헌신한 교육자이자 순수한 신앙인이었다. 푸른학원은 푸른고등공민학교로 1984년까지 운영되다가 폐교했다.

한때는 인천에서 병원을 운영하던 김애은 의사가 휴양차 장봉에 왔다가 이 건물에 진료실을 꾸며 진료를 하기도 했다. 일제강점기에는 어업조합으로, 6·25전쟁 때에는 좌익들 재판과 처형의 장으로, 1960년대 말에는 대안학교인 푸른학원의 사택과 진료소로 사용된 이 건물이야말로 참으로 곡절 깊은 건물이 아닐 수 없다. 🖉

목숨을 건
이동

　　덕적군도 외곽의 외따로운 섬, 백아도(白牙島). 사람 키만 한 민어를 잡아 만선으로 들어오는 배만 보아도 배가 불렀다던 섬 주민의 이야기는 이젠 옛말이다. 원시의 비경을 간직한 산등성엔 해무가 자욱할 뿐, 주둔한 군부대도, 초등학교도, 아이들의 웃음도 모두 사라지고, 덤불 덮인 계단과 폐교가 을씨년스럽다.

　이와는 대조적으로 봄이 오는 백아도는 새들로 활기를 찾는다. 이른 봄에 이곳을 찾으면 철새들을 관찰할 수 있다. 면적이 2제곱킬로미터가 채 안 되고 해안선 길이는 약 12킬로미터인 크지 않은 섬에 푸릇한 봄나물이며 벙구나무 순들이 나기 시작할 즈음이면, 백아도는 새들의 천지가 된다. 덤불숲은 물론이고 사방에서 새들의 울음소리가 끊이지 않는다.

　그런데 특이한 점이 발견된다. 백아도에는 유난히 죽은 새가 많다.

왜 새들이 백아도에 와서 죽는가?

　한국은 시베리아, 중국 동부, 만주 등지에서 번식하고 일본 남부에서 호주에 걸쳐 월동하는 철새의 주요 이동 경로이다. 봄과 가을에 수백 종에 달하는 수백만의 철새가 이주를 하는 장관을 이루는데, 이때 서해안 섬들이 휴게소와 같은 역할을 한다. 수백 킬로미터를 쉼 없이 날갯짓을 해서 바다를 건너와 이곳에 기착하는 것이다. 그런데 그렇게 날아온 새들 중 상당수가 길바닥이나 밭두렁에서 숨을 몰아쉬거나 혼절한 채 죽어 간다. 죽을힘을 다해 황해를 건너온 새들이 기진맥진하

백아도 흰눈썹울새 수컷(사진: 김대환)

여 죽어 가는 모습은 한없이 처연하다. 사람이 가까이 다가가도 도망치지 않는다.

매년 4월이면 인천 섬들에서 새들의 이러한 죽음이 되풀이된다. 주로 참새목에 해당하는 작은 새들이다. 흰눈썹울새를 비롯하여 흰등밭종다리, 할미새사촌 등을 쉽게 볼 수 있다.

목숨을 걸고 황해를 건너온 새들의 첫 기착지가 인천이다. 탈진한 새들은 섬에서 휴식을 취하고 먹이와 물로 체력을 보충한 후 다시 이동을 한다. 4월부터 5월까지 우리나라 섬으로 많은 새들이 찾아오는 이유다. 중국 남부에서 날아오는 새들은 주로 가거도, 홍도, 어청도, 외연도로 날아든다. 중국 산둥반도에서 황해도, 경기만으로 들어오는 새들은 소청도, 굴업도, 백아도, 울도, 문갑도를 찾는다. 인천 섬은 새의 휴식처이다. 우리나라 갯벌 전체의 35퍼센트가 인천에 있어 저어새, 노랑부리백로, 두루미, 검은머리물떼새 등 수많은 멸종 위기종을 포함해 연간 10만 마리 이상의 도요·물떼새류가 도래한다. 동아시아 지역의 철새 이동에서 인천은 그야말로 핵심 기착지인 것이다.

재미있게도, 철새의 이동은 'bird migration'이라 표기한다. '이동'을 의미하는 단어 'migration'은 '이주'를 뜻하기도 한다. 새들도 인간과 마찬가지로 생존을 위해 이주의 삶을 사는 것이다. 목숨을 걸고 이동하는 것은 새나 인간이나 다를 바 없다. 생존을 위한 필사의 이동은 어쩌면 새나 인간에게는 자유인 셈이다.

한국의 덕적군도에는 동아시아뿐 아니라 아시아 전역에서 새들이 찾아온다. 마치 오늘날 아시아 전역에서 한국 사회로 들어오는 이주

노동자들 같다. 더 나은 삶과 꿈을 위해 목숨을 건 이주가 오늘날 아시아의 일상이기 때문이다.

종의 다양성과 공존

새들의 이동에서 재미난 점은 종의 다양성이다. 조류 연구자들에 의하면 매년 봄에 문갑도에서 발견되는 새들만 해도 100여 종이 넘는다고 한다. 작은 섬에 100여 종의 새가 날아든다는 것은 종의 다양성이라는 측면에서 놀라운 사실이 아닐 수 없다. 그만큼 섬들이 살아 있다는 것을 의미한다. 살아 있는 섬일수록 생물 다양성을 쉽게 확인할 수 있다. 생물 다양성은 곧 자연 생태계의 건강을 의미한다. 그것은 곧 문화 다양성과도 연결된다. 생물 다양성이 확보될수록 공동체의 회복력과 수용력을 증진시키기 때문이다.

섬으로 새들이 날아드는 것은 물이 있고 풍부한 먹이가 있기 때문이다. 또한 작은 새들의 천적인 맹금류를 섬에 사는 인간이 막아 주는 역할을 하기도 한다. 맹금류가 사람을 무서워하기 때문이다. 무서운 사람이 더 무서운 맹금류를 쫓아 주는 상황이 조금은 아이러니하다. 이로 인하여 새와 사람이 공존하게 된다.

봄철에 인천 섬으로 날아드는 새들은 촉새, 검은딱새, 되새 순으로 우점종(優占種)을 차지한다. 가을 우점종 순서는 괭이갈매기, 흰뺨검둥오리, 진박새이다. 국내 관찰 기록이 거의 없는 길 잃은 새로 알려진 회색바람까마귀와 검은머리딱새가 발견되기도 한다. 그 밖에도 관찰이 매우 어려운 희귀 조류인 북방개개비, 쇠발귀개개비, 큰부리개개비, 큰점지빠귀, 알락꼬리쇠발귀 같은 새들도 굴업도를 중간 기착지로 이용하는 것으로 알려져 있다.

"새들은 위협을 느끼면 소리를 지르면서 도망을 가요. 뭔가 나타났다고, 내가 놀랐다고, 너희들도 조심하라고 합니다. 누굴 골탕 먹이기 위해 사는 새는 없어요. 누굴 내쫓고 나만 잘살겠다고 으르렁거리는 새들도 없어요."(김대환, 인천야생조류연구회)

인간이 새보다 더 나은 점이 무엇인가. 새들은 최소한의 나뭇가지로 자기 살 둥지를 튼다. 인간은 골프장을 짓는다며 수억 년의 역사를 가진 섬을 망가뜨리고 주민을 내쫓는다. 신도시를 확장하기 위해 갯벌을 매립하고 파괴한다. 새들이 오히려 인간답게 생각하고 인간답게 살아가는 것 같다.

인천의 섬사람들은 선사시대 이래 대대로 생존을 위해 입도하거나 혹은 피난처, 유배지로 왔다가 정착해 섬 고유의 역사와 문화를 일구어 왔다. 사람들이 모여드는 데에는 이유가 있다. 새들이 물과 사람이 있는 곳을 찾아 섬에 안착하듯이, 결국 사람도 생존을 위해 오지인 섬까지 들어오는 것이다. 새와 마찬가지로 죽음을 무릅쓰고 이주의 삶을 선택하는 것은 필시 생존과 '더 나은 세상'에 대한 꿈 때문일 터이다. 우리는 왜 새를 보는가? 이것은 곧 '우리는 왜 꿈을 꾸는가?'라고 묻는 것이다. 📝

5부

● 교동도를 찾아가다

● 병자년의 환란

● 고구려 사람들

● 관미성을 찾아서

● 유배자의 적거지

● 물푸레나무를 기다

● 청주병을 보다

● 배를 기다리다

역사의 섬
교동도에 가다

유빙이 흐르는 염하(鹽河).
창후리 포구에서 조강(祖江)을 건너노라니
낯선 풍경이 을씨년스럽게 다가왔다.
인기척 하나 없는 꽝꽝 언 조강 너머로
황해도의 개풍(開豐)이 가까웠다.
가슴에 왠지 모를 답답함이 스미어 왔다.

교동도를
찾아가다

　　인천 앞바다에 있는 섬치고 유서 깊지 않은 섬이 없다. 영흥도(靈興島)를 비롯한 경기만 일대의 섬들과 황해도에 가까운 서해 5도, 자연도(紫燕島)라 불리던 영종도 일대, 강화도 일대의 섬, 43개의 군도(群島)로 이루어진 덕적군도는 섬 문화의 보고이다. 하지만 정작 이를 아는 이는 별로 없다. 산재한 섬이 170여 개나 되지만 거의 방치되어 있다. 아직 사람의 때가 묻지 않은 천연의 비경은 찬탄을 자아낼 만큼 아름답다.

　굴업도 골프장 건설 문제로 한창 들썩이던 2012년 가을 '인천섬연구모임'이 만들어졌다. 인천 섬들의 자연 생태에 대한 조사 연구는 물론이고, 인문학적인 접근이 필요하다고 중지를 모았다. 섬에 닥친 개발 위기에 맞서 섬을 살릴 필요성을 절감한 젊은 연구자와 활동가 여럿이 뜻을 보탰다.

이런 발심(發心)을 모아 1차 답사지로 교동도(喬桐島)를 찾았다. 연륙교가 만들어지기 전에 한번 다녀오자는 것이었다. 교동도는 고구려의 혈로이자 한반도의 입구라는 지정학적 의미도 크거니와, 무엇보다도

유구한 역사가 날것 그대로 숨 쉬는 곳이다. 그런데 교동도에 대해서는 아는 바가 거의 없었다. 지척에 있으면서도 가 보지 못한 것이 내심 절절하게 부끄러웠다.

얼어붙은 조강

일행은 채비를 하고 교동도로 떠났다. 때는 엄동이라 창후리(倉後里) 수로에 살얼음이 끼었다. 유빙이 흐르는 염하(鹽河). 창후리 포구에서 조강(祖江)을 건너노라니 낯선 풍경이 을씨년스럽게 다가왔다. 추운 날씨 탓에 창후리 포구는 얼어붙은 부동항을 연상케 했다. 인기척 하나 없는 꽝꽝 언 조강 너머로 황해도의 개풍(開豊)이 가까웠다. 가슴에 왠지 모를 답답함이 스미어 왔다.

배가 선착장에 도착하자 교동향교로 향했다. 읍내리(邑內里)에 있는 교동향교에서 잠시 머물며 안향(安珦)이 중국 원나라에서 최초로 가지고 와서 모셨다는 공자상(孔子像)을 보았다. 계단조차도 올라가고 내려가는 법도가 있다는 설명을 들으며 잠시 유구한 유교 전통에 대해 생각했다. 양반과 평민의 자제들이 신분에 따라 동무(東廡)와 서무(西廡)로 나뉘어 방을 달리 썼다는 이야기도 자못 흥미로웠지만, 무엇보다도 나의 시선을 끈 것은 세월의 풍화작용을 오랫동안 견디어 낸 작고 평범한 돌 비석이었다. 잠시 경내를 둘러보면서 나는 서재의 돌담에 기대어 따뜻하고 깊은 겨울의 온기를 쬐었다. 갑오개혁(1894년)으로 제사 기능만 남은 향교, 관학의 맥이 끊긴 채 유교 정신만 근근이 명맥을 이어 오는 향교는 오늘 우리에게 어떤 의미가 있을까. 단절의 비연속성도 역사이려니 생각하니 가슴 한편이 저며 온다.

그런데 향교에서 이육사(李陸史, 1904~1944)의 결기와 인고의 상징인 '초인(超人)'이 떠오른 것은 웬일일까. 이육사의 정신에는 어딘지 모르게 유교에서 빛을 발하는 선비 정신인 한매(寒梅)의 옥골(玉骨)이 박혀 있다. 전통적인 유교 정신에 바탕을 두되 그에 머물지 않고, '어데' 몸조차 기댈 데 없는 시대의 칼날 같은 절정에서도 함부로 무릎 꿇지 않으려는 올곧은 시대 부정이 있다.

　푸른 하늘에 닿을 듯이/세월에 불타고 우뚝 남아 서서/차라리 봄도 꽃 피진 말아라//낡은 거미집 휘두르고/끝없는 꿈길에 혼자 설레이는/마음은 아예 뉘우침 아니라//검은 그림자 쓸쓸하면/마침내 호수 속 깊이 거꾸러져/차마 바람도 흔들진 못해라.

　향교 경내를 돌며 그의 시「교목(喬木)」을 새기는 동안, 매운 겨울 날씨가 새하얗게 내려앉은 비석거리와 무너져 내린 읍성이 멀리 희디흰 눈 쌓인 풍경과 겹치면서 스산한 듯 기묘하게 다가왔다.

병자년의
환란

비석거리를 지나오며 우스갯소리가 흘러나왔다. 자화자찬을 위해 위정자들이 세운 비석거리 헌정비에 동네 아이들조차 돌을 던지며 지나갔다는 일설은 죽어서도 부끄러운 일이 무엇인지 되돌아보게 한다. 오히려 위정자의 헌정비를 내버려 둠으로써 공동체의 질서를 도모하고자 한 것도 나쁘지 않다는 일행의 일침이 얄궂다.

한때는 웅성웅성했을 장터거리를 지나 드디어 교동읍성에 도착했다. 낮은 야산에 자리한 읍성은 한눈에 보아도 방치되었다는 느낌이다.

성곽은 무너져 하늘이 파랗게 들여다보이고, 홍예로 지은 남문(南門)에 민가가 들어서 대문처럼 쓰이고 있었다. 읍성을 처음 쌓기 시작한 것이 인조 7년(1629년)이니 정묘호란(1627년)이 일어나고 얼마 있다 또다시 닥친 1636년 병자년(丙子年) 전쟁이 떠오르는 것은 어쩌면 당연한 일이다.

조선왕조는 임진년 전쟁(1592~1598)을 마치고 얼마 후 교동에 읍성을 세웠다. 전쟁으로 피폐해진 환란의 시대를 맞아 군치를 강화하려 했다. 하지만 정묘호란이 있은 지 10년 만인 1636년 12월부터 다음해 1월까지 병자호란이 일어나니, 이로 인하여 청과 조선의 전쟁은 비참이 절정에 달했다. 삼라만상이 얼어붙은 엄동에 벌어진 싸움에, 그 시대의 백성은 그야말로 죽을 맛이었을 터이다.

서울 도성과 남한산성에서 강화로 이어지는 피난길은 죽음의 행렬이었다. 『병자록(丙子錄)』에 기록된 당시의 비화를 옮기자면 이렇다. 대꼬챙이에 꿰어 달린 사체의 머리가 도성에서 강화에 이르는 길목에 이어졌다. 위정자와 그 가족은 살기 위해 살얼음이 언 갯벌로 뛰어들고, 욕과 도륙을 면하기 위해 염하에 산몸을 던졌다. 염하는 핏빛으로 물들었다. 더 이상 목숨은 의미가 없었다. 겨울 차디찬 강에 흘러 바다로 떠내려갈 뿐이었다. 청명한 하늘은 온통 까마귀 울음소리로 가득했다.

교동은 강도(江都, 강화도)의 배후에 자리 잡아 살마(殺魔)와 훼절을 피했고, 성은 점차 증축되어 읍성다운 면모를 갖추어 갔다. 통어영(統禦營)을 설치하고 삼도수군통어사(三道水軍統御使)를 둔 것은 인조 11년(1633년)의 일이었다. 임진년을 겪은 조선왕조가 도성의 방어를 위해 경기도 남양 화량진(花梁鎭)에 있던 경기수영(京畿水營)을 교동으로 옮긴 것이다. 경기, 황해, 충청 수군을 총괄 지휘하는 삼도수군통어영을 설치하고 교동현을 도호부로 승격시켰다. 세곡을 실어 나르던 조운선(漕運船)을 지키려는 뜻도 있었지만, 군사적 요충으로서 교동도가 맡은 관방(關防) 역할이 그만큼 컸다. 임진과 병자의 난을 겪은 조선왕

교동읍성 남문

조는 북방과 남방 세력의 침입
과 서인과 남인의 파쟁, 북벌
과 사대의 대립으로 사분오열
되어 내우외환에 시달리고 있
었다.

사람들은 그 시대를 어떻게
견뎌 냈을까?

피비린내 나는 역사의 참혹
에는 말이 없다. 염하와 갑곶
일대 갯벌에 붉은 경징초(겡징
이풀)만이 알고 있는가. 병자년
에 강도의 부녀자들이 호병(胡
兵)에 당할 욕을 피해 강에 몸
을 던졌다. "머릿수건이 물에
뜬 것이 마치 서리 때를 맞이
한 연잎 같아서, 바람을 만나
흔들려 떠내려가는 듯했다"고,
『병자록』은 당시를 기록하고
있다. 호병은 방화, 약탈, 살육
등을 일삼으며 온 섬을 휘젓고
다녔을 터이다. 생지옥이 따로
없었다. 당시 강화 감찰사가

김경징(金慶徵)이었는데, 백성들이 죽어 가면서 "경징아, 경징아!" 목 놓아 부르며 그를 원망했다고 한다. 죽어 간 백성의 원혼은 갯벌에 붉은 피를 토하듯 경징초로 피어나 통한의 삶이 바다에까지 이르렀음을 말해 주고 있다. 그때의 원분을 기억하고 있음인지, 아직도 강화 일대에서는 이 풀을 '경징이풀'이라 부르고 있다. 노산(鷺山) 이은상(李殷相)은 「강도유기(江都遊記)」에서 바다에 떠도는 원혼을 위무하는 노래를 남겨 그날을 기억하고 있다.

　　원혼이 바람에 들어 이 바다에 떠돌면서/해마다 그날이면 분하여 운다 하네/그 왕도 간 지 오래니 잊어버리고 말려무나/손돌이 어진 사공 제 죽음 한함이랴/고국 정한을 못 풀어 웃는 게리/일 년도 삼백 육십 일 다 불어도 남겠고나

　예나 지금이나 고초는 오로지 힘없는 자의 울음에 남아 있다. 뭇 백성이 왕조의 패도로 살을 베어내는 도륙을 피할 수 없었던 것이다. 등잔불이 흔들리는 것조차 지축을 흔드는 말 발자국 소리로 여겨 기겁했을 것은 불 보듯 하다.
　예나 지금이나 유전(流轉)하는 역사는 조강 위에 흐르는 유빙처럼 뼛속 깊이 저려 왔다. 장막으로 가로막힌 분단의 침묵이 유빙으로 흐르는 듯, 스산한 조강의 칼바람이 뼛속 깊이 아리다. 🖋

고구리
사람들

동진나루를 거쳐 교동수영의 상징인 해동청 송골매의 터라 일컫는 응암(鷹巖)을 지켜보고, 남산포에 있는 옛적 수군들이 배를 정박하기 위해 쓴 계류석(繫留石)을 안쓰럽게 지나고, 사신관(使臣館)이 있던 남산포를 지나, 읍내로 들어갔다. 무슨 영화의 세트장을 방불케 하는 골목길이 교동의 중심지이다. 온갖 잡화상, 반찬 가게, 철물점, 시계 수리점, 정육점, 신발 가게 등이 골목 끝까지 이어져 있다. 갯바위의 따개비처럼 붙은 집들이 서로 인간적인 정을 나누듯이 어깨를 마주하고 있다. 이곳은 피난민들이 거처로 삼기 시작하면서 형성된 골목이라고 한다.

시계 수리점의 늙은 주인은 눈에 확대경을 끼고 한창 시계를 수리하고 있다. 문을 연 것을 보면 분명 소일거리는 아닌 듯싶지만, 요즘 누가 시계 수리를 맡길까 하는 생각과 함께 생활도 오지로 내밀리듯 쫓

남산포 계류석

겨 간 느낌이 든다. 금방이라도 세간을 챙겨 떠나갈 듯한 사람들처럼 살아간다.

교동을 돌아다녀 보면 사람도 말소리도 황해도와 북방 분위기가 느껴진다. 실제로 고구리 사람들은 강화와 교동이 여러모로 차이가 많다고 한다. 결혼식 때 해 먹는 떡의 크기도 비할 수 없이 크다. 자신들의 먼 조상이 고구려의 후예인 북방 이주민이라고 여긴다.

예전에 황해도 개성을 오간 북진나루에서 망배단(望拜壇)을 본 적이 있다. 토지신을 모시고 서촉왕(西蜀王)의 묘석을 읽으니, 정주지에서 쫓겨나 이역을 떠도는 혼들이 막막하다.

교동도 동진나루에 세워진 망향비의 주인공인 서모왕은 본향이 쓰촨성(四川省)으로, 고려 때 개성(開城)에 정착하면서 귀화한 성씨다. 원래 토착민이 어디에 있었겠는가. 사방에서 모여 집 짓고 혼담이 오가고 애 낳고 정주하여 사는 것이다. 근원적으로 모든 사람은 이주자이다.

아닌 게 아니라 교동도의 성씨보가 특이하다. 원래 『세종실록』 지리지에는 교동의 토착 성으로 고(高)씨 인(印)씨 전(田)씨 등이, 속성으로는 안(安)씨 합(合)씨 뇌(雷)씨 등이 기록되어 있다. 조선 후기에 이르러 『여지도서(輿地圖書)』에서는 전통적인 토착 성인 고씨, 인씨, 전씨만 명시하고 있다. 추측건대 이들 성씨들이 교동도에 모여 살며 세거(世居)한 것으로 보인다. 이들 중 인씨와 뇌씨는 중국에서 이주하여 정착한 귀화 성씨로, 교동을 본관으로 삼았다. 뇌씨는 조선 시대에 교동도로 유배되어 거주하다가 이후 황해도로 이주한 것으로 확인된다. 이들 성씨들이 교동도에 세거하기 시작한 것이 고구려 때이니, 이들에게는 고구려의 혈통이 흐른다고 해야 할 터이다.

언젠가 지인 중에 방(方)씨 성 가진 이가 '나라 방씨'가 아니고 '진나라 방씨'라고 하여 화젯거리가 된 적이 있었다. 나라 방씨가 한반도에 정착한 것이 병자년 전쟁 때문인지 병인(病因)에 의한 것인지 그 이유는 분명하지 않으나, 모국으로 귀환하지 않고 눌러앉아 세거한 예이다. 대구의 임(林)씨 성도 임진년에 눌러앉아 세거한 성씨라 한다. 결국 토착민도 원주민도 원주인이 아닌 셈이다.

교동도에 세거한 성씨를 보면 고구려도 고려도 조선도 다 들어 있다. 시간이 지나면서 새롭게 이주한 성씨인 창원(昌原) 황(黃)씨, 안동(安東) 전(全)씨, 온양(溫陽) 방(方)씨, 청주(淸州) 한(韓)씨 등이 교동의 성씨로 편입되었다. 장삼이사인 시대에 새삼 놀라운 일이다. 지금이야 거의 사라졌지만 집성촌이라는 것이 있기는 있다. 일가를 이루고 누대에 걸쳐 세거한다는 것도 요즘으로 치면 대단한 일이기도 하다.

사실인즉 세거나 가업(家業)이나 가학(家學)을 잃은 것은 어쩌면 당연한 일임에도 불구하고, 이 시대는 어딘지 모르게 조각난 삶을 살고 있는 것처럼 보인다. 하긴 본래 세거한 집안이 어디에 있겠는가. 이주해 와 정착해서 살다 보면 그것이 세거이고, 세거하다 보면 토착민이 되는 것이 아닌가.

난민으로 정착해서 아직도 난민인 채로 남아 생계를 이어 가는 피난의 시대는 언제 끝날 것인가.

성씨와 집안의 내력을 묻는 동안 온 벌은 새하얗게 눈이 쌓여 있었다.

관미성을
찾아서

　　조선 시대 한증막으로 이용했다는 터를 지나 눈 쌓인 259미터 화개산(華蓋山)을 올랐다. '효자 무덤'이라고 알려진 자리는 눈에 쌓여 흔적을 찾을 수 없다. 정상 가까이 곳곳에 성곽의 흔적이 풀숲 사이로 얼핏 보인다. 화개산성으로 알려진 이 산성이야말로 관미성(關彌城)이 아닌지 논쟁 중이다. 정상에 다다르자 동쪽으로는 읍내 읍성, 송가도, 불음도까지 한눈에 보이고, 북쪽으로는 조강과 개풍이 펼쳐진다. 정상에서 내려다보니, 간척 이전의 시대로 거슬러 올라가 옛날 눈으로 보면 사해절벽(四海絶壁)이 따로 없다.

　　『삼국사기』고구려 본기에 의하면 392년 7월 광개토태왕(廣開土太王)은 4만의 군사로 백제를 공격하여 10개의 성을 빼앗고 이어서 10월에는 관미성을 빼앗았다.

10월에는 백제의 관미성을 공함(攻陷)하였다. 그 성은 사면이 가파르고(四面峭絶) 해수로 둘러져(海水環繞) 있어 왕은 군대를 일곱 갈래(七道)로 나누어 공격하여 20일 만에 겨우 함락시켰다.(冬十月 功陷百濟關彌城 其城四面峭絶 海水環繞 王分軍七道 攻擊二十日 乃拔)

얼음이 얼기 시작하는 소설(小雪)이 지나서 공격이 시작되었다. 살가

죽을 도려내는 매운 추위에 병사들은 떨면서 전장에 나섰을 터이다. 고구려와 백제의 싸움은 그야말로 한강을 누가 가지느냐에 따라 운명이 갈렸다.

북방의 고구려군은 대동강을 떠나 장산곶을 거쳐 해주와 연평도를 거쳐서 빠르게 교동도까지 접근해 수전(水戰)을 펼쳤다. 미추홀 이래 수상전에서 해상 세력이었던 백제 역시 만만치 않았다. 쌍방의 혈투에

교동도 수로

피비린내가 진동했으리라는 점은 추측하기 어렵지 않다. 교동은 강화와 함께 한강, 임진강, 예성강이 합수하는 하구에 있어 이 지역을 차지하는 세력이 곧 양강(개성과 한강 세력)의 주인이 되었다. 그것은 곧 한반도를 지배하는 주인의 자리를 다투는 혈투가 아닐 수 없었다. 요지를 차지하기 위한 싸움의 승자는 결국 고구려였다. 백제는 한강 하구와 이북을 빼앗기고 급기야 미추홀까지 내주면서 해상의 요충지를 잃고 만다. 남양→덕적도→영종도→교동도→장산곶→산둥으로 이어지는 해상의 주요 수로를 내준 셈이다.

고려의 해상 세력이 개성에서 발원하고, 조선왕조가 한강에서 발원한 것은 우연이 아니다. 해상과의 교차만이 왕조 번영의 길이었던 것이다. 북쪽으로는 송도와 개경을 잇고 북방과 연결되며, 동쪽으로는 마포와 서울 도성을 잇는 요지요, 남쪽으로는 화성과 충청, 남해를 거쳐 중국이나 일본을 잇는 교통의 요충이자 관방(關防)의 요새가 바로 교동도였다. 해상 수로를 차지하기 위한 싸움은 곧 왕조의 운명을 결정했다. 교동도는 당시 동아시아로 뻗는 바닷길이었다.

게다가 교동도는 곡창지였다. 잦은 범람과 염생 습지의 발달로 갈대류의 퇴적층이 발달하여 옥답의 조건을 두루 갖춘 곳이다. 지금도 땅을 파면 이탄(泥炭)이 나오는 것으로 보아 퇴적이 오래 계속되었음을 알 수 있다. 풍부한 농산물과 해산물로 인하여 번창한, 그야말로 국제 해상 도시의 관문이 바로 교동도였던 것이다.

그러매 교동도의 패착은 곧 해상 세력의 패퇴를 의미하는 것이고, 왕조의 문을 닫는 것과 다를 바 없다. 조선왕조가 해상 세력을 죽이고 육지 중심의 북벌론에 치우친 것은 해상의 중요성을 간과한 것이다. 조선왕조는 해상을 죽였다. 그로 인하여 병인양요를 거친 뒤 대원군의 쇄국은 곧 한반도의 명운을 풍전등화로 만든 원인이 되기도 하였다.

한때는 백제 땅이었고, 또 한때는 고구려의 땅으로 고목근현(高木根縣)이라 불리던 교동도. 황해도의 연백(延白)과 개성을 지척에 두고도 단절된 채 홀로 외롭게 남겨진 교동도. 이래저래 고구리의 밤이 깊다. 조강 저 어둠 너머 불빛 한 점 없다. 유리창에 서리가 내리고, 나무들도 벌을 서듯 새하얗게 서리를 뒤집어쓰고 서 있다.

시대는 유전하는가. 언제나 고통을 받는 것은 범부일 뿐이다. 수레를 끌고 천 리를 행군하고, 차디차게 언 갯벌에 사지가 찢긴 채 피 흘리며 죽어 간 사람은 말이 없다. 전마(戰魔)가 나는 두렵다. 언제나 비전(非戰)은 올 것인가. 이제는 국경 지대가 된 고구리의 밤이 깊어 간다. 🖉

유배자의
적거지

　두문불출(杜門不出). 유배된 자의 마음은 어떠했을
까? 모든 공적이 짓밟히고 삶은 송두리째 부정당하고, 사람들의 조롱
거리가 되어 장바닥에 내던져지듯 버림받은 몸과 정신은 어떤 것일
까? 겪어 보지 않은 자는 모를 터이다. 모욕과 수치에서 끝은 오히려
허망을 느끼지 않았을까?

　인천의 모든 섬들은 귀양처이자 유배지였다. 교동 역시 고려와 조선
왕가의 유배지다. 고려의 개경과 조선의 한양에서 가까웠기에 사대부
는 물론이고 왕족의 유배지로 적격이었다. 가까워서 언제든지 동향을
파악할 수 있었던 것도 유배지의 좋은 조건이 되었을 터이다.

　고려로 거슬러 올라가 21대 왕 희종(熙宗)의 유배지가 교동이었다.
그가 적거한 곳을 경원전(慶源殿)이라고 한다. 조선 시대에는 안평대
군, 임해군, 능창대군이 유배되었고, 인조반정(1623년)으로 축출된 광

해군이 유배살이를 한 곳도 교동이다.

연산군 또한 1506년 9월 2일 반정에 의해 폐위되어 교동도로 유배되었다. 연산군은 교동도에 위리안치(圍籬安置)되었다. 사방에 울타리를 둘러치고 그 안에 감금하는 형벌이었다. 강화 도령으로 이름난 조선의 26대 임금인 철종(1849~1863)이 피살을 면하기 위해 잠시 피신한 곳도 교동도이다. 교동읍성 가까운 데에 철종의 잠저지(潛邸址)가 있다.

조선 왕실로 보자면 교동도는 왕조의 흥망과 함께한 셈이다. 선비들은 한양에서 먼 곳으로 귀양을 보낸 반면, 왕족들은 동태를 쉽사리 파악할 수 있도록 가까우면서도 격리된 곳으로 보냈다. 교동도가 한양과 가까우면서도 절해고도이니 왕가의 유배지로 제격이었다.

교동읍성에는 연산군의 적거지가 표지석으로 남아 있다. 읍내는 광해군을 위리안치한 곳이라고 한다. 사방을 철책으로 둘러싸인 채 갇혀 살다니, 한때 군왕의 지위에 있던 광해군으로서는 치도곤의 능멸이었을 터이다. 광해군 적거지의 위치에 대해서는 주장이 둘로 갈린다. 실증과 고증이 제대로 이루어지지 않다 보니 견해가 분분한 것이다.

물푸레나무를
기리다

　　때마침 조강에서 불어오는 차가운 바람에 나뭇가지들이 짐승처럼 울부짖는다. 나무도 깊은 겨울을 만나 사람의 음성을 내며 울고 있는 것이다.

　예로부터 섬이 마을이 되기 위해서는 우물이 있어야 했다. 우물이 없는 섬은 사람이 사는 섬이 아니다. 공자도 우물을 중시했다. 마을이 사라지는 것은 곧 우물이 사라지는 것을 의미한다. 마을을 마을답게 하는 것이 우물인 셈이다. 요즘 같은 상수도 시설이 없던 시절에는 우물이야말로 마을 공동체의 바탕이었다. 우물이야말로 마을 사람들을 이어 주는 역할을 톡톡히 했다.

　우물과 더불어 마을을 마을답게 해 주었던 또 다른 존재가 바로 당산목(堂山木)이다. 당산목이야말로 마을의 역사와 함께했다고 해도 과언이 아니다.

교동에는 당산목이 몇 그루 있다. 물푸레나무와 은행나무가 교동의 당산목이다. 사기리에 있는 은행나무는 원래 황해도에서 건너온 '부부나무'였다고 한다. 지금은 부부가 헤어져 사는데, 부인 나무는 보름도에, 남편 나무는 교동도에 있다. 수령이 '900년'이라고 적혀 있지만, 수목 연구자는 600년으로 본다. 600년이라면 조선왕조가 창건한 이래 줄곧 교동도에서 터주 역할을 한 셈이다.

고구리의 물푸레나무는 물푸레나무과에서는 보기 드물게 최고의 수령을 자랑한다. 푯말에는 500년생이라고 했지만, 실제로는 300년이 못 된다고 수목 연구가는 말한다. 하지만 그와 무관하게, 이처럼 오랜 삶을 이어 온 물푸레나무가 우리나라에는 없다. 그만큼 고구리 물푸레나무의 생존은 경이롭다. 마을의 역사와 함께해 온 당산목이 제대로 보전되고 있지 않아 안타까울 따름이다.

원래 우리 조상은 당산목을 기리는 전통이 있었다. 이들 노거수(老巨樹)를 통해서 길흉을 고하고 안녕을 빌었다. 마을 입구의 당산목은 신령이 깃들어 있다고 해서 함부로 베지 않았다. 하지만 각박한 삶이 당산목을 외면하고 방치하였다.

나는 나무에도 신령이 있다고 생각한다. 섬에서 태어나 자라면서 늘 울타리의 뗏부르나무조차 함부로 베지 말라는 금기어를 들어 왔다. 나무를 베면 집안에 좋지 않은 일이 벌어진다는 것이다. 작은 막대기만 한 나무조차도 함부로 다루지 말라고 했는데, 수백 년의 터주가 된 나무야말로 웃어른으로 모셔도 전혀 이상하지 않다. 가끔은 이 지구상에서 벌어지는 온갖 문제를, 사람의 눈이 아니라, 사람들을 괴롭히지 않

괴산군 사리면 은행나무

고구려 물푸래나무 당산목

는 곤충이나 풀의 눈으로 본다면 어떨까 생각하기도 한다.

300년 이상 산 노거수를 보면서 교동도에 살고 있다는 자생, 귀화, 외래 식물을 떠올린다. 가는털비름, 개망초, 개비름, 개소시랑개비, 개쑥갓, 까마중, 나래가막살이, 다닥냉이, 단풍잎돼지풀, 달맞이꽃, 닭의덩굴, 도깨비가지, 도꼬마리, 돼지풀, 둥근잎나팔꽃, 땅빈대, 뚱딴지, 말냉이, 망초, 미국가막사리, 미국개기장, 미국쑥부쟁이, 미국자리공, 방가지똥, 백령풀, 붉은서나물, 붉은토끼풀, 서양민들레, 서양오엽딸기, 소리쟁이, 수박풀, 아카시나무, 애기땅빈대, 어저귀, 오리새, 전동싸리, 족제비싸리, 좀명아주, 지느러미엉겅퀴, 취명아주, 코스모스, 큰방가지똥, 털별꽃아재비, 토끼풀 등이 보고되고 있단다.

토착종이 외래종이 되고 외래종이 토착종이 되는 것은 식물계에서 흔한 일이다. 원래 토착종이란 없다. 외래종이 토착화하는 과정을 밟아 토착종이 된 것이라 할 수 있다. 외래종이라고 구박하는 것도, 토착종이라고 남벌하는 것도 다 문제다. 생명에 무게가 없듯, 귀천이 따로 있을 리가 없다.

물푸레나무를 보면서 원시의 신령과 마주한다. 오랜 삶이란 간단치 않다. 마을의 오래된 노거수는 곧 그 마을의 역사이다. 생명이 오랫동안 사람과 함께해 온 것은 감사해야 할 일이다.

"나무님, 함께 살아오셔서 고맙습니다. 우리의 삶을 계속 지켜봐 주세요."

물푸레나무를 보면서 마음속으로 읊조려 본다. 🖼

청주벌을
보다

　　교동도는 예로부터 고려와 조선의 관문이었다. 개경
(開京)과 서울을 도성으로 하여 예성강과 임진강이 합류하는 조강은
황금의 트라이앵글을 이루었다. 조강이 얼어붙는 겨울철에는 연백까
지 걸어서 건널 정도로 황해도가 가까웠고, 조류가 얕아 바다 벌이 드
러나면 교동 사람들이 청주벌로 가서 갯것을 해 왔다고 한다. 강바닥
에서 나는 섭조개, 상합, 쌀새우, 참게 등 풍부한 해산물은 물론이고,
숭어가 지천이었다.

　아닌 게 아니라, 이곳 교동에서는 숭어의 종류가 세분되어 있다. 가
장 작은 새끼는 '모치'라 하고, 그다음은 '저푸리', '태푸리', '잠대'라
고 부르며, 겨울 새끼 숭어는 '동어'라고 부른다. 예전에는 지게로 져
올릴 만큼 숭어가 잡혔다고 한다. 이렇듯 조강은 최적의 해산물 공급
지였다. 그야말로 황금벌이자 요충이었던 것이다.

여기에 고려 시대에 당송(唐宋) 등과 교역하면서 각종 물품들이 이 조강을 통해서 송악과 개경에 이르렀다. 가깝게 예성강(禮成江) 하구에는 벽란도(碧瀾渡)가 있어서 중국과의 교역항이 되었다. 그때가 고려가 후삼국을 통일한 936년경이다. 벽란도는 송나라 상인과의 교역이 활발하게 이루어졌던 곳으로, 고려 무역항의 중심지였다. 비단, 약재, 도서, 자기, 차, 악기, 향로 등 다양한 물품이 이곳 벽란도를 통하여 교역과 교류가 이루어졌다. 당송(唐宋)은 물론이고 류큐(琉球), 아라비아까지 금, 은, 구리, 인삼, 종이, 나전칠기, 돗자리 등이 수출되었고, 각 나라에서 각종 도서와 약재, 비단, 유리, 향료 등이 들어왔다.

　고려의 건국과 함께 이 일대가 하나의 거대한 해상 무역항이었던 것이다. 청주벌도 당시 꽤 번성했던 것으로 보인다.

　청주벌이 있었다는 해양 도시를 떠올린다. 분단 전에 이곳에서 기왓장이 많이 발견된 것으로 보아 거대한 해상 도시가 있었을 것으로 추측된다. 목책 등으로 벌 위에 세운 도시의 환영이 신기루만은 아니었을 터이다. 교동의 향토 연구자는 경천동지할 거대한 범람으로 일순간에 청주벌이 사라졌다고 전언한다.

　청주벌을 보기 위해 북진나루에 갔다. 지금은 해병 부대가 주둔하고 있어서 옛 나루터는 물론이고 온통 사위가 푸르다는 청주벌까지 볼 수가 없다. 철책으로 둘러싸인 조강은 온통 꽝꽝 얼어 있고 멀리 유빙이 사납게 흐르고 있었다.

배를
기다리다

　　　섬 공동체의 가장 큰 덕은 배려와 인심이다. 교동이
남과 연결성이 끊어졌기 때문에 생기는 문제이다. 다리가 놓이면 섬이
육지화해 섬 문화가 급격하게 변할 터이다. 인심은 예전만 못하고 수
지타산이 생겨나는 것이 얼마 남지 않았다는 지적이 맴돈다.
　배를 타기 전에 교동에서 태어나 한글 점자인 훈맹정음을 만든 송암
박두성 선생의 생가 터를 방문했다. 맹인들에게 한 줄기 문자향의 등
불이 되어 준 송암의 정신이 방치되고 있다는 느낌을 지울 수 없었다.
표지석도 없이 갈대로 뒤덮여 이곳이 사람이 살았던 주거지였음을 알
수가 없다. 다만 선생이 다녔다는 교동교회만이 옛 모습으로 남아 있
다. 한 칸짜리 단출한 교회는 조선 가옥을 닮았다. 원래는 벼로 지붕을
얹었으나, 관리가 어려워 함석을 새로 해 얹은 것 말고는 그대로였다.
　잠시 생가 터를 둘러보다 보니, 어느 집 마당에 유적으로 보이는 비

박두성 선생이 다녔던 교동교회

석과 석축이 수북하게 쌓인 채 방치되어 있다. 얼마 있으면 석축과 비석은 새롭게 만들어지는 연륙교를 건너 육지로 실려 갈 것이다.

교동을 나와 선착장으로 가는 내내 '방치'라는 말이 떠나지 않았다. 문화에 대한 인식도 문제지만 있는 것조차 제대로 지키지 못하는 현실을 과연 무엇이라고 해야 할까. 부끄러웠다.

그런데 더 부끄러운 것은 바로 지척에 두고 갈 수 없는 개성이 눈앞에 있다는 것이다. 개성 송악산 박연폭포에 하루치기로 소풍을 다녔던 노인 분들의 말씀은 이젠 옛말이 되었다. 철책으로 둘러쳐진 조강이 을씨년스럽다.

방치된 우물과 석물들. 위쪽의 황룡우물은 2014년 12월에 수리 복원되었다.

창후리를 건너는 배 위에서 나는 만해 한용운의 「나룻배와 행인」을
나지막하게 마음속으로 읊조렸다.

  나는 나룻배
  당신은 행인
  당신은 흙발로 나를 짓밟습니다.
  나는 당신을 안고 물을 건너갑니다.
  나는 당신을 안으면 깊으나 얕으나 급한 여울이나 건너갑니다.

  만일 당신이 아니 오시면 나는 바람을 쐬고 눈비를 맞으며 밤에서
낮까지 당신을 기다리고 있습니다.
  당신은 물만 건너면 나를 보지도 않고 가십니다.
  그러나 당신이 언제든지 오실 줄만은 알아요.
  나는 당신을 기다리며 날마다 날마다 낡아 갑니다.

  나는 나룻배
  당신은 행인

  선착장 가까이 갯벌에 낡은 배 한 척이 무슨 석불처럼 정박해 있다.
언제 다시 올 것인가. 다시 올 수는 있는가. 때마침 조강에 성성한 눈
발이 날린다. 북녘 백두대간 임진강과 태백 검룡소에서 발원한 물이
마을과 개울을 지나 천이백 리 길을 달려와 조강으로 흘러들어 서해로

모인다. 해불양수(海不讓水), 바다는 강물을 물리치지 않는다. 유빙만 유유히 떠내려 올 뿐, 조강은 말이 없다. 엄동설한의 강 언저리에서 다시 교동을 본다. 지금쯤 푸르른 눈을 뜬 청주벌에도 눈이 쌓일 것이다.

다시
교동도를
가다

방치된 읍성과 문화재

　　　　다시 교동도 답사를 위해 들어간 것은 연륙교가 개통(2014년 7월 1일)된 후이다. 다리 입구에서 검문을 마치고 연륙교로 들어가는 교동도는 그야말로 잠깐이었다. 해병대의 검문은 이곳이 바로 민통선 구역이라는 것을 의미한다. 말이 비무장이지, 남북은 지난 60여 년 동안 한강 하구에 사람의 발길을 허락하지 않았다. 다만 철새만이 강을 넘나들며 남북으로 자유롭게 날 뿐이다.

　다시 간 교동읍성이 일행을 고즈넉하게 맞았다. 마침 늦가을이라 논에 벼가 누렇게 익어 가고 있어 한가롭기까지 했다. 그 사이 어정(御井)으로 쓰인 우물의 귀퉁이가 파손된 채 나뒹굴었다. 교동읍성 남문은 개인 주택이 들어서 있어 주차장이 된 탓에 보행이 어려울 정도다.

눈살을 절로 찌푸리게 하는 목불인견이 아닐 수 없었다. 이곳이 옛적 황해도, 충청도, 경기도를 아우르는 삼군통어사 터라는 사실이 부끄러울 뿐이다. 이미 망루의 기초는 뽑혀 교동초등학교 교문으로 가고, 덩그마니 남아 있는 초석은 스산하기 짝이 없이 서 있다. 읍성에는 사람의 발길조차 들이기 어려울 정도로 잡초만 무성해 황막했다. 기가 막힐 노릇이었다.

"지명만 하더라도 그래요. '응암'이라고 이름 붙여진 지명이 있는데, 여기에서는 '상여바위'라고도 불러요. 상여와 똑같아서 붙인 이름이죠. 그런데 응암을 폭파해서 철탑을 세웠어요. 세우기 전에는 상여와 똑같았죠. 여기서는 이 바위를 '매여'라고도 했어요. 매가 사는여. 섬 같은 곳에 돌곶이 나온 곳이나 조그만 바위를 '여'라고 하는데, 그런 이유로 '매여'라고 불렀어요. '매여', '매여'라고 했죠. 하지만 매여보다는 대개 상여바위라고 했어요. 예전에 일 년에 두 번 굴 따러 가고, 망둥이 낚시하고 그랬지요." (한기출, 교동도)

『세종실록』 지리지의 "경기우도 수군첨절제사영(京畿右道水軍僉節制使營)이 교동 서쪽 응암량(鷹岩梁)에 있다"라는 기록에서 보듯, 응암은 교동수영의 상징이었다. 그런 응암을 이곳 교동도 사람은 '매여'라고 불렀던 것이다.

두 번째 답사에서 우리는 일제강점기 때 지은, 교동읍성 안에 있는 일본식 가옥을 탐방했다. 한눈에 보아도 읍성의 요석 자리에 두 채의

교동읍성 안의 적산가옥

일본식 가옥이 버젓이 서 있었다. 사람이 살고 있지 않은 텅 빈 적산가
옥은 폐가가 되어 을씨년스럽기만 하다.

일제가 읍성을 의도적으로 훼손했다는 생각이 치밀었다. 교동읍성
은 보기 드문 군치 읍성(軍治邑城)인데, 이곳에 그들의 통치 시설인 주
재소를 지어 그 안에 있던 통어사 문화재를 훼손하고 파괴했다. 해방
후 적산지는 사유지화하여 오늘에 이르렀다.

읍성 가까이 있는 남산포에는 삼군통어사 군선들을 매었던 계류석
이 여전히 길가에 방치되어 있었다. 누군가 뽑아 가면 그뿐이었다. 중
국 사신들이 오가던 남산포의 유서 깊은 돌계단은 최근 새로 부두를

넓히면서 거의 사라졌다 하니 기가 막힐 일이었다. 교동도를 답사할수록 모든 것이 제자리를 되찾는 것이 시급해 보였다.

유적이나 유물들이 훼손되거나 사라지는 것은 비단 여기에 그치지 않았다. 1차 답사 때 박두성 생가 터 근처에 비석이며 돌절구, 석물, 석축 등이 쌓여 있었다. 다시 가 보니 감쪽같이 없어졌다. 교동 주민에게 물어보니 모른다는 말만 들려온다. 그 많던 석물들은 다 어디로 갔는가. 다리가 놓이자마자 유물들이 반출된 것이다. 고구려와 고려, 조선 시대의 유물들이 어느 집 정원석이 된다니, 그저 씁쓸했다.

교동도의 보전

교동도는 '삼도요충양경인후(三道要衝兩京咽喉)', '국가인후지지(國家咽喉之地)'라고 표현했듯이 경기, 충청, 황해 3도의 요충지이자 수도인 고려의 개경과 조선의 한양으로 통하는 길목이었다. 한강과 예성강 임진강이 합류하는 지점으로, 덕적군도 등 경기만과 황해로 연결되는 뱃길이었다. 고려 시대에는 개경에 가깝고 예성강변의 국제 무역항이었던 벽란도로 향하는 길목에 있어 세곡을 실은 조운선이며 상선, 어선, 소금 배 등이 수시로 드나들던 요지였다.

그러나 근대에 들어와 교동도는 잊힌 섬이 되었다. 교동 쌀로만 남아 있을 뿐 정작 유서 깊은 역사와 문화는 잊혔다. 그리 된 이유 중 하나로, 왕실이 옮겨 왔던 강도(江都)가 주목받으면서 교동이 상대적으로 도외시되었다는 점을 꼽을 수 있다. 모든 게 강화 중심으로 이루어졌다. 섬 전체가 문화 유적지라고 해도 과언이 아닌 교동도는 뒷전으로 밀려났다. 분단으로 한강 하구가 활기를 잃은 것도 큰 요인이다. 그나마 '민통선' 구역이라는 지역 특성 덕분에 문화재들이 방치된 채로나마 보존될 수 있었던 것은 다행이다.

우리나라 최초의 향교인 교동향교는 제대로 대접을 받지 못하고 있다. 관미성의 흔적일 수 있는 화개산성은 묻히고 사장되고 있었다. 북방 문화의 하나인 한증막은 제대로 연구되지 않고 있다. 기껏 복원한다고 해 놓은 것이 몽골 게르(ger) 형식의 현대식 사우나다. 철저한 고증 없는 섣부른 문화재 복원의 문제점을 그대로 보여 주는 예이다. 경기수영, 수군통어영, 교동읍성, 연산군 위리안치지, 철종 잠저지, 동진나루·진장포·죽산포·남산포 등 통어영과 관련된 포구들, 봉수대, 희종의 궁궐로 추정되는 경원전 터 등 셀 수 없이 많은 문화재가 훼손된 채 방치되어 있다. 교동도가 철저히 홀대받고 있는 것이다.

"교동은 강화와 달라요. 역사 문화부터가 달라요. 강화가 옛 백제의 지류라면 교동은 고구려 쪽 맥락이에요. 이곳 사람들은 강화보다는 황해도와 가까워요. 6·25전쟁 전까지만 해도 교동 사람들은 강화도에도 안 가 보고 죽은 사람이 태반이에요. 개성, 평양으로 갔었죠. 장사다 물물교환도 다 황해도 연안읍장에서 이루어졌어요. 말씨부터도 다르죠. 말도 달라요. 강화도는 전라도 말에 가까운 어휘가 많은 반면 교동은 황해도에 가까워요. 교동은 '그랬싱까' 하는 '싱까' 발음이 강하면서 짧아요. 식사를 하셨습니까, 드셨습니까, 잡수

셨습니까도 '잡셨싱까'로 발음하죠. 가옥 형태만 보더라도 북방 집이에요. 여섯 칸짜리 집에 온돌에 기역자 디귿자 형태죠. 떡도 크기가 달라요. 강화 달떡은 작지만 교동 달떡은 달덩이만 해요. 교동 떡은 쌀 한 말이 떡 하나예요. 그만큼 강화와 교동의 문화가 달라요."

(한기출, 교동도)

교동은 알면 알수록 화수분 같은 곳이다. 우물에서 말이 나온 이야기, 말이 날아가다가 산이 되었다는 부시미산 이야기, 청주벌이 마을이었는데 바다가 된 사연, 과부가 바람을 피운 마을이라 해서 붙었다는 '똥구지다'라는 지명에 얽힌 유래, 마을에 대추나무가 많아서 스님이 법장을 만들었다는 이야기 등, 동네 유래와 지명에 재미난 것이 많다.

인물도 많다. 교동도에서 태어나 제주도에서 죽은 김풍정, 임진왜란 때 사령관인 고원백이 교동 사람으로 교동에 묻혔다. 훈맹정음을 창안한 박두성도 잊을 수 없는 교동 사람이다.

뱃길을 살리자

교동도는 유난히 나루터가 많다. 동서남북 사방으로 교통하는 나루터를 가지고 있다. 북쪽 연안의 각산진(角山津)과 연결되는 인점진(仁岾津), 동쪽 강화의 인화석진(寅火石津)과 연결되는 비석진(鼻石津), 읍성 동문과 연결되는 동진포(東津浦)와 남문과 연결되는 남진포(南津浦), 서해 바다를 통해 해주의 용매진(龍媒津)과 연결되는

마포(馬浦) 등이 있다. 뱃길로 황해, 경기만 일대의 섬을 자유롭게 왕래하면서 교류하였던 것이다. 뱃길이 섬과 섬을 잇고 섬과 육지를 이으면서 사람들의 삶이 이어졌다. 교동도의 아름다운 삶의 풍광을 노래한 다음 시를 보자.

동진송객(東津送客) 동진나루에서 손님을 배웅하는 장면
북문관가(北門觀稼) 교동읍성 북문에서 농사를 짓는 풍경
응암상월(鷹岩賞月) 매여 위에 떠 있는 달빛 감상
용정탐화(龍井探花) 화개산 자락의 용정에서 꽃을 찾아가는 탐화
원포세범(遠浦稅帆) 먼 포구에 돛을 달고 가는 세곡선
고암선종(孤菴禪鐘) 외로운 암자에서 들려오는 종소리
서도어등(黍島漁燈) 기장섬에서 물고기를 잡는 어화 풍경
진산석봉(鎭山夕烽) 진산에 올라오는 저녁 봉화

한 폭의 산수화 같은 이 장면은 '교동팔경'으로 남아 있다. 나루터를 오가고, 한가롭게 농사를 짓고, 고즈넉한 풍경 속에서 물고기를 잡으며 살아가는 섬사람들의 순박한 생활상이 펼쳐진다. 뱃길이 살아 있는 모습이다.

섬에도 사람이 살고 있기에 각지에서 모여들고 왕래하면서 섬 문화를 꽃피운다. 경향 각지에서 모여든 사람들은 저마다 자신의 문화와 말과 음식으로 교섭한다. 토착 문화가 새로운 문화를 받아들이기도 하고, 새로운 문화가 토착 문화와 어우러져 또 다른 섬 문화를 낳기도 한

다. 본래 섬의 토착 문화 역시 새로 전래된 문화가 아닌가. 바다로 둘러싸인 섬의 특성상 다양한 문화가 활발하게 교류하는 한편으로 고유성 또한 오래간다. 교동이 바로 그런 곳이다.

뱃길이 살아 있을 때 섬 문화는 꽃을 피운다. 뱃길이 끊기자 섬은 고립되었다. 교동도가 영화롭던 시절은 뱃길이 살아 있던 때였다. 해상 무역이 번성했던 시절에 각종 해산물과 농산물의 집산지가 바로 교동도였다. 뱃길로 왕래가 빈번했던 전성기가 교동의 황금시대였던 것이다. 분단으로 인하여 황해는 죽음의 바다, 금단의 바다가 되었고 교동도를 비롯하여 경기만 일대의 섬 문화는 활기를 잃었다. 교동도와 경기만 일대의 섬이 부활하려면 뱃길이 다시 살아나야 한다. 그것만이 섬을 섬답게 살리는 길이다.

참고 문헌

기본 자료

『옹진군 향리지』, 『옹진군지』, 『대청면지』, 『강화사』, 『인천광역시사』, 『덕적도사』, 『인천의 지명 유래』, 『기전문화 연구』, 『원사(元史)』, 『삼국사기』, 『왕조실록』, 『대동지지』, 『승정원일기』, 『각사담록』

단행본 및 논문

- 간행위원회, 『無不達 오세종 목사 화갑 기념 문집』, 삼필문화사, 2009.
- 경인일보 특별취재팀, 『인천 인물 100인』, 다인아트, 2009.
- 구본선, 「박두성, 세상의 빛이 된 사람」, 『교동도 답사 보고서』, 인천섬연구모임, 2013.
- 권오중, 「大靑島에 온 元의 流配人」, 『인문연구』 제20호, 영남대학교 인문과학연구소, 1998.
- 기형도, 『기형도 전집』, 문학과지성사, 1999.
- 김광현, 『덕적도사(德積島史)』, 덕적도사편찬위원회, 1985.
- 김대영·片岡千賀之, 「근해 안강망 어업의 발전 과정 및 재편 방향에 관한 연구」, 『수산경영론집』 1호, 1997.
- 김대환, 「인천 섬의 조류」, 『작가들』 겨울호, 작가들, 2012.
- 김백영, 「한말~일제하 동해의 포경업과 한반도 포경 기지 변천사」, 『도서문화』 제41집, 목포대학교 도서문화연구원, 2013.

- 김병국, 『서포 김만중의 생애와 문학』, 서울대학교출판부, 2001.
- 김병상 외, 『굴업도 핵폐기장 철회를 위한 인천시민운동』, 굴업도 핵폐기장 철회를 위한 인천시민운동 백서 발간위원회, 2002.
- 김용훈, 「船生, 西浦, 노자묵고 할배」, 『함께 여는 국어교육』 봄호, 전국국어교사모임, 1997.
- 김원용, 『재미 한인 50년사』, 혜안, 2004.
- 나만갑, 『丙子錄』, 정음사, 1979.
- 대청면지편찬위원회, 『대청면지(大靑面誌)』, 대청면, 1995.
- 배성수, 「교동의 관방 체제와 유적」, 『교동도 답사 보고서』, 인천섬연구모임, 2013.
- 신봉균, 『교동향교지』, 인하대학교 한국학연구소 편, 교동향교, 2012.
- 오세종, 『無不達』, 성서문학사, 1986.
- 오세주 외, 『영종교회 백년사』, 삼필문화사, 1992.
- 오지섭, 『나의 목회 한평생』, 삼필문화사, 1991.
- 오지섭, 『흰 구름 머무는 곳』, 안양복음출판사, 1988.
- 이민희, 『강화 고전문학사의 세계』, 인천대학교 인천학연구원, 2012.
- 이세기, 「뱃사람, 김재근」, 『파도 위의 삶, 소금밭에서의 생』, 인천도시인문학센터 엮음, 한울, 2013.
- 이세기, 「한평생 배를 타다가―인천 근해 뱃노래를 부르는 김필운 옹」, 『구술 자서전―남구 사람들의 삶과 일』, 인천광역시 남구학산문화원, 2006.
- 인천광역시립박물관 편, 『덕적군도 종합 학술 조사』, 인천광역시립박물관, 2002.
- 인천광역시사편찬위원회, 『인천광역시사―문화유산과 인물』 6권, 인천광역시, 2002.
- 인하대학교 박물관, 『博物館誌』 14, 인하대학교 박물관, 2011.
- 인하대학교 박물관, 『西海島嶼民俗學』 제1집, 인하대학교 박물관, 1985.
- 정문기, 『魚類博物誌』, 일지사, 1974.
- 정약전, 『玆山魚譜』, 정문기 옮김, 지식산업사, 1977.
- 정연학, 『인천 섬 지역의 어업 문화』, 인천대학교 인천학연구원, 2008.
- 주강현, 『조기에 관한 명상』, 한겨레신문사, 1998.

- 최원식, 「서포와 소연평도」, 인천섬연구모임 발표문, 2013.
- 한상복 외, 『韓國의 落島 民俗誌』, 집문당, 1992.
- 홍선기, 「섬의 생태적 정체성과 탈경계」, 『도서문화』 41집, 목포대학교 도서문화연구원, 2013.

인터뷰에 응해 주신 분들

- **교동도** 구본선 · 한기출
- **굴업도** 서인수 · 이경심 · 이장용
- **대청도** 백광모
- **덕적도** 강명선(북리) · 서해송(서포리) · 송상호(밭지름) · 이권영 · 이덕선(서포리) · 장윤용(서포리)
- **문갑도** 김종석 · 김현기 · 서창열 · 신재석 · 이순분
- **연평도** 조희준 · 한명익
- **장봉도** 김선만 · 송인자 · 이형렬
- **기타** 김대환(인천야생조류연구회) · 김재근(인천 연안부두 월미사) · 장정구(인천녹색연합) · 최중기(인하대 교수)

덕적군도사 연표

- **BC 3,000~2,000년경** 덕적도 진리, 소야도, 굴업도, 문갑도, 울도, 백아도에 신석기 시대의 패총 등 유적 · 유물
- **BC 1000년경** 덕적도 진리 고인돌 유적
- **372~475년** 덕적도, 백제 근초고왕 27년(372년)부터 개로왕 21년(475년)까지 인천 능허대(凌虛臺)에서 산둥반도 덩저우(登州)에 이르는 백제의 대 중국 항로의 요

충지 노릇을 하다.

- **660(신라 무열왕 7년). 6. 21.** 당나라 소정방과 신라 왕자 김인문이 이끄는 30만 병사 내도(來島), 태자 김법민이 병선 100척을 거느리고 덕적도에서 영접하다(나당 연합군).

- **663(신라 문무왕 3년). 5.** 당나라 장수 손인사(孫仁師)의 40만 병사 덕적도 내도(來島)

- **670(문무왕 10년). 6.** 고구려 왕족 안승(安勝)과 4천 병사, 고구려 부흥 위해 검모잠(劍牟岑)과 덕적도에서 회동

- **1259년(고려 고종 46년)** 몽골 침입으로 서경과 황주 백성을 덕적도로 이주시키다.

- **1375(고려 우왕 1년). 9.** 왜 해적선, 덕적도와 영종도에 대집(大集)하다.

- **1384년(고려 우왕 10년)** 해도(海道) 만호(萬戶) 윤지철이 덕적도에서 왜 해적선을 만나 추격, 배 2척 포획하고 포로로 남녀 80여 명 붙들다.

- **1408(조선 태종 8년). 10.** 덕적도에 들어가서 미납한 숯을 구울 나무를 싣고 오다가 태풍을 만나 배 2척이 파선되고 69인이 사망한 사고에 대한 책임을 물어 수군첨절제사(水軍僉節制使) 김문발을 순금사(巡禁司)에 가두다.

- **1447(세종 29년). 9.** 덕적도를 향하던 배 1척과 19인이 표몰(漂沒)한 것에 대하여 조사 후 수습을 명하다.

- **1486년(성종 17년)** 남양부(현 경기 화성) 소속에서 인천부로 이속

- **1527년(중종 22년)** 『신증동국여지승람(新增東國輿地勝覽)』에 덕적도 기록

- **1567년(명종 22년)** 남양 염부(鹽夫) 60명이 덕적에서 해적을 만나 배를 빼앗기다.

- **1652년(효종 3년)** 덕적도 최초로 둔영(屯營) 설치, 수군 만호(萬戶)를 두다.

- **1708년(숙종 34년)** 덕적진 설치, 수군첨절제사(水軍僉節制使)로 승격

- **1723년(경종 3년)** 덕적도 수군영(水軍營) 무단히 철파(撤罷)하다.

- **1740(영조 16년). 4.** 우의정 송인명, 판서 이인엽 등의 주청(奏請)으로 비로소 덕적도에 설진(設陣)하고 첨사를 배치하기로 하다.(『왕조실록』『승정원일기』)

- **1750년(영조 26년)** 이중환(李重煥)의 『택리지(擇里志)』에 덕적도 기록

- **1756년(영조 32년)** 오도명 첨사(종3품 무관) 부임

- 1785년(정조 9년) 오관국 첨사 부임
- 1806년(순조 6년) 『연려실기술(燃藜室記述)』에 덕적도 기록
- 1858년(철종 9년) 한용묵 첨사 부임(『각사담록』)
- 1860년(철종 11년) 이완풍 첨사 부임(『각사담록』)
- 1862년(철종 13년) 임영주 첨사 부임(『각사담록』)
- 1864(고종 1년). 8. 굴업도에 해적 14명 침입. 이동백 첨사 부임.
- 1865(고종 2년). 1. 덕적도 송전금표(松田禁標) 조치. 김대길 첨사 부임.
- 1866(고종 3년). 8. 이양선(異樣船) 출현
- 1867(고종 4년). 6. 필해진(畢海鎭) 덕적 첨사 제수
- 1869(고종 6년). 12. 김세욱(金世旭) 덕적 첨사 제수
- 1872(고종 9년). 8. 전태형(全泰亨) 덕적 첨사 제수
- 1873(고종 10년). 8. 한진귀(韓鎭龜) 덕적 첨사 제수
- 1875(고종 12년). 3. 한진귀 첨사 부임
- 1876(고종 13년). 1. 한봉득(韓鳳得) 덕적 첨사 제수
- 1877(고종 14년). 2. 황당선(荒唐船)의 협선(挾船) 1척 덕적도 포구 표류
- 1877. 6. 한봉득 첨사 부임
- 1877. 11. 왜(倭) 선박 1척 출현
- 1877. 12. 강세흥(姜世興) 덕적 첨사 제수
- 1878(고종 15년). 1. 홍재희(洪在羲) 덕적 첨사 제수
- 1878. 2. 3. 이양선 1척 출현
- 1878. 2. 19. 홍재희 첨사 부임. 쑥개(북리) 앞에 이양선 1척 표도(漂到).
- 1879(고종 16년). 3. 전상신(全尙信) 첨사 부임
- 1879. 5. 8. 이양선 1척 출현
- 1879. 6. 27. 이양선 1척 출현
- 1880(고종 17년). 11. 이사복(李士福) 덕적 첨사 제수
- 1881(고종 18년). 7. 주용진(朱龍鎭) 덕적 첨사 제수
- 1883(고종 20년). 1. 이정섭(李鼎燮) 덕적 첨사 제수

- 1883. 12. 우창배(禹昌培) 덕적 첨사 제수
- 1886(고종 23년). 6. 우택영(禹宅英) 덕적 첨사 제수
- 1888(고종 25년). 1. 김계연(金啓淵) 덕적 첨사 제수
- 1891(고종 28년). 12. 이명구(李明九) 덕적 첨사 제수
- 1892(고종 29년). 12. 한응연(韓應淵) 덕적 첨사 제수
- 1893(고종 30년). 12. 이수명(李守明) 덕적 첨사 제수
- 1894(고종 31년). 6. 23. 풍도(豊島) 해상에서 청국 군함 제원호(濟遠號)와 광을호(廣乙號)가 일본 제1 유격함대 3척에 격침(청일전쟁의 계기). 울도(蔚島)에 들어온 청국 패잔병 수용 구호하여 본국으로 이송 조치하다.
- 1894. 7. 25. 갑오개혁으로 덕적진 폐지
- 1895(고종 32년). 2. 권치영(權致永) 덕적 첨사 제수
- 1901(고종 38년) 덕적도에 감리교 최초 전래
- 1907. 덕적면에 명덕학교(明德學校) 설립
- 1908. 4. 덕적도에 합일학교(合一學校) 설립
- 1919. 4. 9. 덕적도 송정(松汀) 명덕학교 운동회에서 독립만세운동
- 1923. 8. 14. 중국 산둥반도로부터 불어온 폭풍으로 굴업도 혹심한 피해
- 1927. 8. 4. 굴업도에 주재소 설치
- 1927. 8. 28. 덕적도 해협에서 어선 16척 조난
- 1929. 8. 30. 덕적도 조난 어부 35명 구조
- 1931. 7. 17. 덕적도 해상에서 어선 조난 13명 실종
- 1933년 덕우회(德友會) 창립
- 1933. 5. 1. 덕적공립초등학교 개교
- 1934. 4. 덕적면 악험도(선미도)에 등대 설치
- 1934. 6. 8. 덕적도에서 어선 7척 조난
- 1939. 12. 20. 악험도 근해에서 화물선 6척 조난
- 1948. 7. 29. 덕적도 해상에서 어민 21명 익사
- 1949. 1. 30. 덕적 유학생회 잡지《월파(越波)》창간(3호까지 발간)

- 1949. 6. 3. 덕적고등공립학교 인가
- 1950. 8. 18. UN군, 한국 해군 덕적 상륙, 인천 상륙 전초기지화
- 1955. 4. 27. 덕적중학교 설립 인가
- 1960. 4. 21. 덕적도 벗개(서포2리) 간척 공사 시작
- 1962. 8. 17. 새우잡이 나간 덕적도 주민 72명 풍랑으로 행방불명
- 1966. 4. 13. 최분도 신부 덕적도 본당신부로 부임. 병원선 '바다의 별' 낙도 순회 의료봉사 실시. 복자 유베드로 병원 설립. 발전소 설립.
- 1979. 11. 21. 덕적고등학교 설립 인가
- 1994. 12. 22. 방사성폐기물 종합 관리 시설 후보지로 굴업도 선정 발표
- 1994. 12. 23. '덕적면 굴업도 핵폐기장 반대투쟁위원회' 결성. 문갑, 백아, 울도 등 덕적도 인근 9개 도서 주민 합류.
- 1995. 1. 9. 굴업도 핵폐기장 반대를 위한 '인천 앞바다 핵폐기장 대책 범시민협의회 준비위원회' 발족
- 1995. 1. 12. 덕적군도 주민 '인천 앞바다 핵폐기장 건설 저지대회'를 동인천에서 개최
- 1995. 10. 7. 굴업도 핵폐기물 처리장 전면 재검토 발표
- 1995. 12. 16. 굴업도 핵폐기물 처리장 지정 고시 해제
- 2007. 4. 굴업도 골프장 건설 계획 발표
- 2014. 7. 23. CJ그룹 굴업도 골프장 건설 계획 철회